COLEÇÃO
PENSADORES & EDUCAÇÃO

Habermas & a Educação

Ralph Ings Bannell

Habermas & a Educação

2ª edição

autêntica

Copyright © 2006 Ralph Ings Bannell
Copyright © 2006 Autêntica Editora

Todos os direitos reservados pela Autêntica Editora. Nenhuma parte desta publicação poderá ser reproduzida, seja por meios mecânicos, eletrônicos, seja via cópia xerográfica, sem a autorização prévia da Editora.

COORDENAÇÃO DA COLEÇÃO PENSADORES & EDUCAÇÃO
Alfredo Veiga-Neto

DIAGRAMAÇÃO
Carolina Rocha

REVISÃO
Cecília Martins

EDITORA RESPONSÁVEL
Rejane Dias

B219h Bannell, Ralph Ings
    Habermas & a educação / Ralph Ings Bannell . — 2. ed. — Belo Horizonte : Autêntica Editora , 2013.
    128 p. — (Pensadores & educação)
    ISBN 978-85-7526-222-1
    1.Educação. I.Título. II.Série.
                                                          CDU 37

Ficha catalográfica elaborada por Rinaldo de Moura Faria – CRB6-1006

AUTÊNTICA EDITORA LTDA.

Belo Horizonte
Rua Aimorés, 981, 8º andar . Funcionários
30140-071 . Belo Horizonte . MG
Tel.: (55 31) 3214 5700

Televendas: 0800 283 13 22
www.autenticaeditora.com.br

São Paulo
Av. Paulista, 2073 . Conjunto Nacional
Horsa I . 23º andar . Conj. 2301 . Cerqueira César
01311-940 . São Paulo . SP
Tel.: (55 11) 3034 4468

Para Bia e Thomas
Coconstrutores do meu mundo da vida
e da minha história da vida

Sumário

Agradecimentos 9

Introdução 11

Capítulo I – **Racionalidade, modernidade e processos de aprendizagem** 17

Racionalidade e modernidade 17

Razão, sociedade e história 20

Recuperando a experiência esquecida de reflexão 26

A virada linguística 33

Aspectos da racionalidade da ação e processos de aprendizagem 36

Capítulo II – **Razão comunicativa e a pragmática da comunicação** 43

A racionalidade comunicativa 43

A linguagem como fundamentação da razão comunicativa 50

A pragmática formal 53

Alcançando entendimento mútuo e a coordenação da ação 68

Capítulo III – **Sociedade, subjetividade e cognição** 75

Trabalho e interação 76

Por um modelo gerativo da sociedade 79

Mundo da vida e subsistemas 81

Socialização e individuação: a formação do indivíduo 84

    A coconstrução da sociedade,
da cultura e da pessoa *93*

    Cognição *95*

    Aprendizagem ética e moral *106*

Cronologia habermasiana *109*

Sites de interesse na internet *115*

Referências *117*

O autor *126*

Agradecimentos

Gostaria de agradecer a todas as pessoas e instituições que, direta ou indiretamente, me ajudaram durante o período de gestação deste livro. Primeiro, ao Programa de Pós-Graduação em Educação, da Pontifícia Universidade Católica do Rio de Janeiro, pelo apoio ao projeto de pesquisa no qual esse livro está baseado. Para os organizadores de vários seminários e congressos, onde apresentei trabalhos (BANNELL, 2001, 2003, 2005a, 2005b, 2006a, 2006b), parte dos quais são incorporados neste livro, com modificações, agradeço essa oportunidade, especificamente a Antonio Cavalcante Maia, Flávio Beno Siebeneichler, Delamar Volpato Dutra, Amarildo Trevisan e Pedro Pagni. Também agradeço a Alfredo Veiga-Neto, organizador dessa série, para seus comentários e sugestões para a forma final do livro.

Não posso esquecer de incluir nomes de colegas e amigos que conviveram com meu interesse na obra de Habermas, concordando ou discordando das ideias discutidas neste livro. Agradeço a todos os meus colegas do Departamento de Educação, da PUC-Rio, especificamente a Leandro Konder, e a Antonio Cavalcanti Maia, do Departamento de Direito, que ouviram e/ou leram atentamente minhas tentativas de explicar as ideias desse autor; também aos meus alunos e minhas alunas de pós-graduação em Educação e em Direito. Gostaria de mencionar, especialmente, Gaudêncio Frigotto, que me ofereceu oportunidades de falar sobre Habermas, mesmo discordando completamente das teorias desse pensador. Isso mostra que o espírito de diálogo crítico, construtivo e simpático ainda é vivo na academia e pode produzir uma interlocução frutífera, com a qual aprendi muito. Outra interlocução importante foi com membros da Confluência de Pesquisa *Linguagem, subjetividade e cultura*, da Universidade Federal Fluminense, especialmente Vera Vasconcellos, Dominique Colinvaux e Cecília Goulart, com quem ministrei aulas nas quais pude incluir discussões sobre Habermas.

Os membros do *Grupo de Estudos e Pesquisa em Política, Ética e Educação*, da PUC-Rio, me ajudaram muito a articular as ideias de Habermas, e comentaram sobre versões preliminares de capítulos deste livro. Agradeço muito a Rubens Rodrigues, Anakeila Stauffer, Inês Poggio, Claudia Fenerich, Rosane Carvalho Lopes, Oscar Santelices e Sergio Castro. Também gostaria de agradecer especialmente à minha bolsista de PIBIC, Isabel Padilha, pela tarefa ingrata de corrigir meu português, bem como por valiosas observações e sugestões sobre o texto como um todo. Agradeço também a duas outras pessoas, Fernando Portela de Medeiros e Charles André, que trabalham numa área completamente diferente da minha e cuja competência profissional está acompanhada de uma igual medida de simpatia e interesse genuíno no bem estar das pessoas.

Não é possível escrever um livro sem a compreensão e cooperação da família e dos amigos. Não vou mencionar individualmente todos e todas, por medo de deixar fora da lista alguém que merece estar dentro, mas eles e elas sabem quem são. Finalmente, agradeço à minha esposa, Bia, e ao meu filho Thomas, que souberam lidar com minhas ausências, valorizando, portanto, o trabalho acadêmico – de pesquisa e ensino –, que foi inseparável da produção desse livro.

Introdução

Escrever um pequeno livro sobre um pensador tão grande como Habermas é um desafio, por várias razões. A primeira, e mais óbvia, é a vasta produção desse autor ao longo de meio século de atividade acadêmica e presença intelectual nos meios de comunicação, principalmente na Europa e na América do Norte. A segunda é sua influência na filosofia, nas ciências sociais e nas ciências humanas nesse tempo. Não é exagero dizer que Habermas é um dos filósofos e teóricos sociais mais importantes hoje em dia; suas ideias e análises também penetrando com força nas áreas de psicologia, direito, teoria política e educação, entre outras. Isso gera o problema sobre quais aspectos selecionar de uma obra tão vasta e multifacetada. Essa influência também gerou uma literatura secundária, que chegou a ter proporções industriais, não somente na Europa e América do Norte, mas também em outras regiões do mundo e em várias línguas. A terceira razão para hesitar antes de escrever um livro introdutório sobre Habermas é a complexidade de seu pensamento, que se manifesta em três aspectos principais: (a) as fontes das quais Habermas bebe para construir suas próprias teorias, que incluem não somente as tradições principais da filosofia clássica, moderna e contemporânea, como também a sociologia, psicologia, direito e teoria política, entre outras; (b) o fato de que tudo se conecta a um sistema de pensamento de proporções gigantescas; (c) a própria complexidade das análises em cada subárea de conhecimento tratada pelo pensador.

Tentei resolver esses problemas da seguinte maneira: trato, principalmente, de aspectos centrais de sua teoria do agir comunicativo, teoria pela qual Habermas é mais conhecido. No entanto, não há uma tradução para o português de sua principal obra, *A teoria do agir comunicativo*, o que resultou no fato de as análises nela contidas não serem bem conhecidas aqui no Brasil, especificamente na área de educação. Além disso, muitas das discussões sobre essa teoria na área de educação, no Brasil, não são suficientemente detalhadas para o não especialista ter uma ideia mais sólida acerca de seu conteúdo. Para contextualizar essa teoria, também discorro um pouco sobre as teorias habermasianas produzidas antes da sua publicação. Minha preocupação central foi a de selecionar aspectos da teoria do agir comunicativo que têm implicações em questões de educação. Por isso, optei por trabalhar a categoria da racionalidade, a noção de "processos de aprendizagem", e a análise da coconstrução da sociedade, da cultura e da pessoa por intermédio da interação social mediada pela linguagem, aspectos centrais de toda a obra de Habermas, e mostram quais são as chaves para compreender seu pensamento. Utilizei muito pouco a literatura secundária, inclusive a brasileira, dando preferência aos próprios textos de Habermas, para não complicar ainda mais a discussão. Isso tem como consequência não incluir as muitas críticas e análises feitas sobre essa obra por outros pensadores. Julguei isso como sendo um preço que valeria a pena pagar para deixar o próprio Habermas falar o máximo possível, e deixei de fora muitas críticas que poderiam ser levantadas a respeito de suas teorias, inclusive por mim mesmo. No entanto, o resultado é, obviamente, minha interpretação das ideias de Habermas, pela qual sou inteiramente responsável. Por fim, tentei escrever em um estilo simples, mas não simplório, para facilitar a compreensão destas ideias por um leitor com pouca leitura de filosofia e teoria social.

Obviamente, não foi possível, nem desejável, simplificar as teorias em si, algumas das quais foram desenvolvidas a partir de tradições de pensamento não muito bem conhecidas aqui no Brasil. Esse é o caso, por exemplo, da teoria de linguagem de Habermas, talvez a pedra angular de todo o edifício teórico desse pensador. Consequentemente, dediquei bastante espaço à explicação da sua teoria de pragmática formal. Infelizmente, o limite de espaço de um livro desta natureza não permite uma explicação detalhada de todas as dimensões do pensamento de Habermas tratadas ao longo do livro, mas espero que as discussões sejam suficientemente claras para facilitar a compreensão de sua teoria do agir comunicativo como um todo.

Este livro é escrito para estudantes de educação que têm interesse nos seus fundamentos teóricos, assim como para estudantes das ciências humanas e sociais que desejam ter uma introdução ao pensamento desse autor. Existem outros livros em português que tratam da obra filosófica e sociológica de Habermas (ARAGÃO, 1992, 2002; ARAÚJO, 1996; BARBOSA, 1996; DURÃO, 1996; DUTRA, 2002, 2005; FREITAG, 2005; OLIVEIRA, 1996; PIZZI, 1994; ROCHLITZ, 2005; SANTOS, 2003; SIEBENEICHLER, 1989; SOUZA, 2005; STIELTJES, 2001; VALESCO, 2001), bem como de sua relação com a educação (PRESTES, 1996; BOURFLEUR, 1998; HERMANN, 1999; TREVISAN, 2000; MÜHLE, 2003), mas espero que a discussão nesse livro seja suficientemente diferente para servir como um complemento a esses outros estudos.

Organizei o livro da seguinte maneira: no capítulo I, trato da análise que Habermas faz da racionalização da sociedade, enfatizando os processos de aprendizagem encadeados na modernidade, tanto no nível do conhecimento quanto na dimensão da ação social. No capítulo II, trabalho o conceito da racionalidade comunicativa e sua fundamentação na teoria de pragmática formal. No capítulo III, discurso sobre a teoria da sociedade e do sujeito, tentando mostrar como Habermas desenvolve a análise da coconstrução da sociedade, da cultura e do indivíduo, por meio da interação social mediada pela linguagem. Nesse capítulo, também trato das recentes modificações na sua epistemologia, com ênfase na linguagem como médium de aprendizagem.

Obviamente, em um livro desse tamanho, não foi possível incluir todas as áreas de conhecimento para as quais Habermas tem contribuído ao longo das últimas décadas, nem todos os debates que ele teve com outros pensadores. Desenvolver uma discussão sobre esses aspectos do trabalho de Habermas teria me levado além dos limites desse livro. Por isso, não trato de seu debate com o marxismo (com exceção das questões metodológicas), nem de seus debates com a hermenêutica filosófica de Heidegger e Gadamer, a sociologia de Luhmann e Parsons e o pensamento pós-moderno de Nietzsche, Derrida, Foucault e outros. Dos desdobramentos da teoria do agir comunicativo mais importantes não houve espaço para incluir a ética do discurso, a teoria discursiva de democracia e de direito, bem como outras reflexões sobre a política, a religião e a ética aplicada.[1] Peço desculpas a quem preferiria uma discussão desses aspectos do pensamento de Habermas, mas também peço compreensão e espero que ache algo de interesse no que foi possível tratar dentro dos limites desse livro.

Cabe aqui mais um esclarecimento: a aplicação do pensamento de Habermas para a prática pedagógica na escola é um caminho cheio de armadilhas e dificuldades. Que eu saiba, o próprio Habermas nunca escreveu nada sobre a escola e somente um pouco, em discussões das ideias de Piaget e Kohlberg, sobre a ontogênese da competência cognitiva e da consciência moral na criança. Os únicos textos dele sobre instituições de ensino são análises das funções da universidade (HABERMAS, 1968/1971; 1985/1989b) na sociedade contemporânea, onde poderia pressupor-se que os sujeitos participantes dessas instituições já têm a competência comunicativa necessária para desenvolver processos de aprendizagem, no sentido dessa expressão no pensamento de Habermas. A ontogênese dessa competência não é ignorada no seu pensamento, como será mostrado no capítulo III desse livro; no entanto, a aprendizagem deveria ser compreendida em um sentido mais abrangente possível, abrigando processos de formação social, cultural e científico, em todos os espaços onde eles acontecem. Em outras palavras, a educação deveria ser entendida como *Bildung* (formação), um conceito central à educação moderna.

---

[1] Para discussões desses aspectos do pensamento de Habermas, ver ARAÚJO, 1996, DUTRA, 2002, 2005; MAIA, 2006; PIZZI, 1994; VALESCO, 2001.

Todas as traduções dos textos de Habermas presentes neste livro são traduções minhas das versões em inglês e as referências aos textos de Habermas incluem a data de publicação do original, para indicar a cronologia de seu pensamento, seguida pela data da tradução para o inglês. Os outros detalhes nas referências bibliográficas, incluindo o número de páginas, são das versões em inglês. As referências, no final do livro, incluem traduções para português publicadas no Brasil. Quando há uma referência, dentro do corpo do texto, de um artigo que está dentro de uma coletânea de ensaios de Habermas, coloquei em separado na bibliografia também.

Cabe esclarecer o uso de um termo no livro que não é aquele sempre usado em outros estudos e traduções. O conceito principal de Habermas é muitas vezes traduzido como *ação comunicativa* e não *agir comunicativo*, inclusive nas traduções em inglês que consultei para escrever este livro. No entanto, *agir comunicativo* me parece a melhor tradução do termo original, *Kommunikativen Handelns*, porque o termo *ação comunicativa* pode dar a impressão de ser um conceito ativista.[2] O mesmo se aplica ao segundo termo, *mundo da vida*, a melhor tradução do alemão *Lebenswelt*, que é muitas vezes traduzido para o português como *mundo vivido*.

---

[2] Devo essa observação ao Flávio Siebeneichler.

CAPÍTULO I

RACIONALIDADE, MODERNIDADE E PROCESSOS DE APRENDIZAGEM

A realização do potencial para a razão embutida no agir comunicativo é um processo histórico-mundial (*world--historical process*); no período moderno leva à racionalização de mundos de vida, à diferenciação de estruturas simbólicas, que se expressa acima de tudo na crescente reflexividade das tradições culturais, em processos de individuação, na generalização de valores, na prevalência crescente de normas mais abstratas e mais universais.[1]

Racionalidade e modernidade

No início de sua principal obra, Habermas afirma que "o pensamento filosófico se originou na reflexão sobre a razão encarnada na cognição, fala e ação; e razão permanece sendo seu tema básico" (HABERMAS, 1981/1984, p. 1). Não seria uma surpresa, então, descobrir que a racionalidade é também a principal categoria na obra desse filósofo. No entanto, a concepção da racionalidade desenvolvida por esse autor difere muito da concepção clássica na filosofia moderna, por ser distanciada de uma filosofia da consciência e atrelada ao uso da linguagem em comunicação.

Outra característica marcante do pensamento de Habermas é sua defesa do "projeto da modernidade" (HABERMAS, 1981) diante das críticas dos pensadores pós-modernos. Entretanto, Habermas não defende a Alta Modernidade, com suas certezas e otimismo num progresso sem rupturas, capitaneado pela

---

[1] HABERMAS, 1985, p. 101.

ciência moderna e pela economia capitalista, mas vislumbra, no processo da racionalização da sociedade moderna, um potencial para a emancipação humana. Ele também enfatiza a necessidade de completar esse projeto sem abrir mão do que já conseguiu, não somente em termos de conhecimento, mas também de liberdade subjetiva, de autonomia ética e de autorrealização, do igual direito (embora formal) de participação na formação de uma vontade política e do "processo formativo que se realiza por meio da apropriação de uma cultura que se tornou reflexiva" (HABERMAS, 1985/1987, p. 83). Aliás, esse último, compreendido como processos de aprendizagem desencadeados ao longo desse período, poderia ser considerado o fio condutor do pensamento desse filósofo e teórico social.

A defesa que Habermas faz da racionalidade, bem como do projeto da modernidade, faz parte de sua tentativa de compreender a possibilidade de emancipação humana por meio de processos da reprodução social. Nas palavras do próprio Habermas, sua principal intenção é a de resgatar e liberar "a pretensão de razão anunciada nas estruturas teleológicas e intersubjetivas da reprodução social" (HABERMAS, 1982, p. 221).

Por isso, a educação, no seu sentido mais amplo de processos de formação, é um tema central no pensamento habermasiano, apesar de o próprio Habermas não ter escrito quase nada sobre a educação formal. Na sua reconstrução das teorias de Marx, Weber, da Escola de Frankfurt e Mead, entre outras, Habermas busca compreender o processo de evolução social como um duplo processo de alienação e aprofundamento das relações sociais de poder entre grupos divididos por interesses diferenciados, mas, ao mesmo tempo, potencialmente também como uma expansão de processos de reflexão e aprendizagem e, portanto, de criação de uma cultura com potencial para a emancipação (PUSEY, 1987, p. 29).

Por isso, Habermas defende o projeto da modernidade contra o chamado pós-modernismo. Como Steuerman nota bem, em oposição ao argumento de Jean-Fançois Lyotard, segundo o qual "nas sociedades contemporâneas pós-modernas, a idéia de conhecimento como *Bildung* (formação), isto é, como educação do espírito com o objetivo de sua emancipação de ignorância e, portanto, de dominação, se tornou sem sentido", Habermas argumenta que uma defesa da modernidade tem que enfatizar

> a relevância de uma compreensão correta da tradição do Esclarecimento. Essa tradição, muitas vezes pensada em termos de uma redução da razão à ciência, é, de fato, especificamente nas obras de Kant, um reconhecimento dos limites da racionalidade científica e da superioridade e necessidade da ética e da estética como domínios racionais. (STEUERMAN, 2000, p. xiii-xiv)

De todas as suas fontes, Kant é uma influência central para Habermas, porque, apesar da necessidade de rejeitar seu transcendentalismo e a filosofia do sujeito da qual faz parte, o pensamento kantiano ainda coloca para nós os problemas filosóficos que, apesar dos esforços de Hegel e Marx, não foram ainda superados.

No entanto, o que Hegel, Marx, Humboldt, Dilthey e outros pensadores do século XIX, até Nietzsche, mostraram foi a dimensão histórica do pensamento, da ação e das estruturas sociais, bem como, especificamente em Hegel e Marx, da própria razão. É por isso que Habermas insiste, nas palavras de Steuerman, que "a historicidade e contextualidade da razão, geralmente associadas com a crítica pós-moderna, é, na verdade, um princípio do campo modernista" (STEUERMAN, 2000, p. 3). No entanto, essa dimensão histórica e contextualizada da razão somente pode ser compreendida corretamente, segundo Habermas, se reconhecemos a chamada 'virada linguística' na filosofia contemporânea, ou seja, o *insight* fundamental de que somos seres linguísticos e que sempre nos encontramos dentro da linguagem e da cultura, sem nenhum ponto de referência fora delas. Como o próprio Habermas afirmou: "não podemos pular fora do círculo mágico de nossa linguagem"[2]. Grosso modo, a

---

[2] Essa formulação pode dar a impressão de que Habermas defende um antirrealismo como, por exemplo, na formulação de Nietzsche – e na das vertentes filosóficas contemporâneas que se fundamentam no pensamento dele – de que existem somente interpretações. Como veremos adiante,

'virada lingüística' "provocou uma 'guinada paradigmática' no pensamento contemporâneo, de uma filosofia centrada numa subjetividade isolada (como em Descartes) para uma abordagem que privilegia a intersubjetividade anterior que faz possível nossa identidade como sujeitos isolados" (STEUERMAN, 2000, p. xv). No entanto, há duas maneiras principais de desenvolver esse *insight*: um caminho deságua na filosofia da diferença ou nos chamados estudos culturais e pós-estruturalistas, entre outras perspectivas teóricas contemporâneas, como ponto de partida para questionar a categoria de razão, bem como seu desenvolvimento histórico; o outro caminho, escolhido por Habermas, recupera a relação entre racionalidade e um processo histórico orientado à emancipação. Assim, tenta recuperar a razão como uma força na história, por mais enfraquecida que ela esteja hoje em dia, na rasteira da tradição hegeliana-marxista do pensamento, mas também com uma forte influência do pensamento kantiano.

Razão, sociedade e história

Sem dúvida, Habermas é herdeiro das preocupações e análises da Escola de Frankfurt, especificamente de sua crítica à concepção instrumental de razão, mas essa influência é muitas vezes exagerada (PUSEY, 1987, p. 33), sendo outras, senão mais, igualmente importantes. No entanto, com sua preocupação com o tema da razão, Habermas realmente se aproxima dos interesses da Escola de Frankfurt. Ora, os representantes originais da Teoria Crítica nunca desenvolveram uma concepção clara e alternativa de razão que contrapusesse a razão instrumental, o que esse comentário, de Martin Jay, mostra com clareza:

> A insistência da Escola de Frankfurt sobre a razão era uma das características mais essenciais de seu trabalho [...] Como Horkheimer o repetirá várias vezes durante sua trajetória, a racionalidade é a raiz de toda teoria social progressista. [...]

Habermas sempre defendeu um realismo epistemológico (HABERMAS, 1971/2001). Ontologicamente, isso implica a existência de um mundo objetivo, que existe independentemente de nossas descrições dele e, portanto, é o mesmo para todo mundo. Ver a discussão no capítulo III deste livro.

> De todos os membros do Instituto, Marcuse era talvez o mais atraído pela noção clássica de razão. [...] (Para a Teoria Crítica) é verdade tudo o que favorece a mudança social na direção de uma sociedade racional. Isso repõe, evidentemente, a questão de saber aquilo que se entende por razão, que a Teoria Crítica jamais procurou definir explicitamente. [...] A Teoria Crítica tem uma concepção da razão e da verdade desprovida de uma justificação fundamental, ao mesmo tempo exterior e enraizada nas condições sociais. [...] Apesar de sua transformação de uma idéia filosófica em social, sua *Vernunft* (Razão) guardava ainda traços de sua origem metafísica. (JAY, 1973, p. 60-65)

Podemos dizer que Habermas procura delimitar e definir aquilo que se entende por razão, concedendo-lhe uma fundamentação nas condições sociais da vida, sendo ao mesmo tempo, capaz de se distanciar dessas condições para criticá-las. Ele fez isso por meio de uma reconstrução de uma "estrutura interna de fala" (COOKE, 1994), que será examinada no próximo capítulo.

No entanto, talvez a principal influência para compreender a relação entre racionalidade e história seja a teoria social de Max Weber, bem como a crítica que Habermas faz de Marx. Primeiro, então, vou tentar mostrar como Habermas se apropria dos conceitos e análises desses pensadores, para construir uma teoria da evolução social que recupera o potencial da razão e vincula esse potencial a processos de aprendizagem, no nível individual e coletivo.

Como é bem conhecido, Weber analisou o processo de racionalização das sociedades ocidentais, em dois processos principais: o desencantamento do mundo, processo que ele considerou positivo, e que teria se desencadeado, aproximadamente, entre a Idade Média tardia e o estabelecimento do capitalismo liberal; e um subsequente processo de racionalização das estruturas e das ações social, política e econômica, que caracterizaria a fase da consolidação do capitalismo liberal na Europa e na América do Norte. A partir dessa análise da racionalização da sociedade, Weber diagnosticou as patologias desse processo, principalmente como a modernidade se tornou uma "jaula de ferro" pela dominância da racionalidade instrumental, com a consequente transformação do pensamento e da cultura em operações pautadas somente nos critérios de eficiência e sucesso. Uma consequência dessa racionalização da sociedade é o afastamento da ética, e dos valores em geral, do domínio da razão.[3] A razão, entendida dessa maneira, nega a possibilidade de reflexão compreendida em termos mais amplos e na forma de uma crítica à sociedade, algo que possibilitaria o controle dessa dimensão negativa de racionalização da sociedade, em nome de uma sociedade mais racional em um sentido positivo e orientado para a emancipação humana.

Obviamente, formular o problema dessa maneira implica uma outra concepção de razão, que não se reduz à razão instrumental, foco das atenções da Escola de Frankfurt. Também implica numa teoria da evolução social que identifica outra dimensão do processo de racionalização da sociedade, bem como o vínculo entre esta e a razão. É principalmente por meio da reconstrução das principais teses de Weber que Habermas consegue reelaborar as relações entre ação social, racionalidade e racionalização, mostrando que o processo mundial/histórico de racionalização, analisado por Weber, contém um potencial para emancipação, que também é uma força na história. Como observa um comentarista, essa tese de Habermas poderia ser assim formulada: "Racionalização como uma possibilidade para a expansão de aprendizagem coletiva e como a (gradual) institucionalização da razão na Sociedade" (PUSEY, 1987, p. 32).

---

[3] É verdade que Weber fez uma distinção entre *Zweckrationalität* (ação racional orientada a fins) e *Wertrationaliatät* (ação racional orientada a valores), bem como outras formas de ação racional, mas seu diagnóstico da modernidade privilegiou o primeiro como o dominante mecanismo de evolução social na modernidade, como o único que tem efeitos estruturais nas instituições e formas de ação social modernas. Também é importante notar que Weber se preocupou em compreender o processo de modernização das sociedades europeias, preocupação esta compartilhada por Habermas. Uma questão polêmica é se essa análise pode ser aplicada a outras sociedades ou se deveríamos falar em modernidades múltiplas, diferenciando os processos em diferentes partes do mundo. Para um argumento geral nessa direção, ver TAYLOR, 2004; para uma análise do processo de modernização no Brasil, que argumenta contra uma noção indiferenciada da modernidade ocidental, ver SOUZA, 2000; para uma comparação das análises de Weber e Habermas, ver SOUZA, 1997.

Grosso modo, Habermas acusa Weber de considerar como duas fases do mesmo processo o que são, de fato, duas dimensões diferenciadas da passagem das sociedades (europeias) tradicionais às sociedades capitalistas tardias. Isso pode ser melhor visualizado no diagrama seguinte, retirado de Pusey (1987):

Figura 1: A reconstrução do processo de racionalização

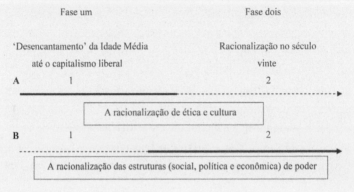

Fonte: PUSEY, 1987, p. 54.

Na figura acima, as linhas em negrito representam a análise de Weber, para quem, segundo a interpretação de Habermas, o processo de desencantamento foi *substituído* pelo processo de racionalização das estruturas de poder, representado pelas linhas A1:B2, o que levou o próprio Weber a diagnosticar a "jaula de ferro" como principal patologia da modernidade. Consequentemente, processos de aprendizagem somente se dão pela institucionalização da racionalidade instrumental, nas estruturas econômicas, políticas e sociais de poder e controle.[4]

Contra essa análise pessimista, Habermas argumenta que há duas dimensões do processo de racionalização na modernidade, encobertas pela análise de Weber, a saber: um processo de raciona-

---

[4] Uma análise igualmente pessimista, também baseada na expansão da racionalidade instrumental, foi desenvolvida por Adorno e Horkheimer e estendida aos processos culturais na famosa tese da indústria cultural. Ver ADORNO e HORKHEIMER, 1944/1979. Essa linha de análise se deu na igualmente famosa tese adorniana da semiformação, desenvolvido no Brasil em PUCCI, 1995 e ZUIN e PUCCI, 1998, entre outras publicações.

lização da ética e da cultura, representada pela linha **A** no diagrama acima; outro processo de racionalização da institucionalização de poder nas estruturas do Estado e da economia capitalista, representada pela linha **B**. Apesar de serem separáveis para os fins de análise, essas duas dimensões não se separam no processo histórico concreto, sendo entrelaçadas em relações mútuas de estruturação. Por outro lado, contra a análise de Marx, Habermas tenta mostrar que ética e cultura são os "motores" da evolução social, em vez dos desenvolvimentos na "base" produtiva da sociedade.[5] No entanto, ele não nega a interação entre as duas dimensões, enfatizando o que ele chama de "dialética" entre cultura e estrutura da modernidade: entre cultura, ideias e ética, por um lado, e estruturas de poder e interesse, por outro (PUSEY, 1987, p. 55-57). Essa análise será elaborada numa teoria dualista da sociedade, dividida entre o mundo da vida e os subsistemas econômico e administrativo, a partir da qual Habermas desenvolverá sua análise das patologias das sociedades modernas, especificamente o que ele chama de "colonização" do mundo da vida pelos subsistemas.

É importante salientar esta distinção que Habermas faz entre o que ele chama de mundo da vida e os subsistemas econômico e administrativo. O conceito de mundo da vida[6] é particularmente importante, porque é nesse lugar que falantes e ouvintes podem "[...] reciprocamente colocar a pretensão de que suas declarações se adéquem ao mundo (objetivo, social ou subjetivo), onde eles podem criticar e confirmar a validade de seus intentos, solucionar seus desacordos e chegar a um acordo" (HABERMAS, 1981/1987, p. 126). Em outras palavras, o mundo da vida é o lugar do agir comunicativo, tanto no seu papel de transmissão de culturas, de

---

[5] A analogia entre essa análise e a distinção de Marx, entre infraestrutura e superestrutura é óbvia, no entanto, a similaridade não vai além dessa analogia. Para a tentativa de Habermas de reconstruir o materialismo histórico, onde essa tese está enunciada, ver HABERMAS, 1976/1979a, 1976/1979b, 1976/1979c. Para uma análise detalhada dessa tentativa, ver ROCKMORE, 1989.

[6] Emprestado da fenomenologia de Husserl, mas modificado, especificamente no seu distanciamento da filosofia da consciência. Ver HABERMAS, 1971/2001.

integração social e de socialização de indivíduos, quanto como lugar de entendimento mútuo e, portanto, de coordenação de ações sociais. Os subsistemas econômico e administrativo, por sua vez, são lugares da ação estratégica e da razão instrumental[7].

Esse breve esboço da análise dos processos de racionalização na modernidade é suficiente para compreendermos as linhas gerais do diagnóstico que Habermas faz da condição moderna, bem como sua prescrição para superar as patologias. Deve ficar claro que a principal parte da análise é a explicação do processo representado pela linha A2 do diagrama, ou seja, uma continuação, digamos assim, do desencantamento do mundo, que Weber não percebeu, mas que, acredita Habermas, contém a chave para a emancipação humana. Por intermédio da apropriação da análise weberiana do desencantamento do mundo, com sua consequente diferenciação das estruturas simbólicas da ciência, ética, direito e estética, Habermas quer mostrar que esse processo de diferenciação continua, apresentando-se, simultaneamente, como uma racionalização do mundo da vida, bem como um processo de individuação, ou seja, de desenvolvimento de uma identidade individual autônoma. Por meio desse duplo processo de racionalização de estruturas normativas, ou seja, de visões de mundo, identidades coletivas e mundo da vida, assim como da crescente racionalidade no nível individual, no sentido de uma capacidade para uma maior racionalidade de crenças e ações sociais dos indivíduos que compõem a sociedade, Habermas aponta na direção de uma força racional na história que, por mais eclipsada, oprimida e fraca que seja, oferece a chave para um futuro mais justo e livre numa sociedade cada vez mais racional.

Habermas desenvolve suas análises da racionalização progressiva do mundo da vida numa série de estudos sobre a ética do discurso[8], a teoria discursiva do direito e da democracia[9], bem como a maior reflexividade alcançada no processo de individua-

---

[7] Tratarei dessas questões com mais detalhes no capítulo III desse livro.
[8] Ver HABERMAS, 1983/1990b, 1983/1990c, 1991/1993.
[9] Ver HABERMAS, 1992/1996, 1996/1998a, 1998/2001.

ção[10], entendida como sendo o desenvolvimento do indivíduo no processo de socialização. Assim, tanto tradições culturais como indivíduos são concebidos como sendo progressivamente mais reflexivos numa evolução social que se contrapõe aos diagnósticos pessimistas tanto de Weber quanto da Escola de Frankfurt.[11] Com a mudança de ênfase das questões epistemológicas para a problemática de racionalidade, consequência da virada linguística, Habermas tenta capturar o movimento dialético da história de uma maneira que nos permite, também, compreender a razão como uma força na história. Para entendermos melhor essa mudança, é necessário que examinemos seus primeiros trabalhos sobre a relação entre teoria e prática.

Recuperando a experiência esquecida de reflexão

Além de desenvolver sua análise dentro da teoria social, Habermas também desenvolve seu argumento no plano filosófico, principalmente com relação ao conceito de razão e à experiência esquecida e eclipsada de reflexão na vida humana. Uma preocupação central de Habermas, desde suas primeiras publicações, tem sido a relação entre teoria e práxis. Numa série de ensaios publicados na década de 60 e no início da década de 70 (HABERMAS, 1968/1971, 1971/1974), Habermas investigou três aspectos dessa relação predominantes no capitalismo avançado, a saber: (a) a relação entre ciência, política e opinião pública; (b) a relação entre conhecimento e interesses cognitivos; (c) aspectos metodológicos de uma teoria social com pretensões de assumir o papel de crítica dessas sociedades.

(a) O primeiro livro de Habermas (1962/1989) foi uma análise histórica da emergência e da transformação da esfera pública, "um domínio da nossa vida social no qual opinião pública pode ser formada" (HABERMAS, 1964/1974, p. 49). Na elaboração desse

---

[10] Ver HABERMAS, 1983/1990c, 1998/1992b.

[11] Outras tentativas de pensar uma modernidade reflexiva podem ser encontradas em BECK, GIDDENS e LASH, 1994, bem como uma análise desse processo no contexto brasileiro em DOMINGUES, 1999.

conceito, já podemos perceber a preocupação do autor com a formação de um "público capaz de raciocinar (*reasoning public*)", como condição necessária para a formação da opinião pública, por meio de "discussões públicas sobre o exercício de poder político, discussões críticas que são garantidas institucionalmente" (*ibidem*, p. 50). Nessa obra, Habermas analisa o modelo liberal da esfera pública e suas transformações, desde o século XVIII ao capitalismo avançado, examinando como se esgotou na sua função de esfera que medeia a sociedade civil e o Estado. No entanto, Habermas argumenta que a esfera pública é indispensável como lugar para a discussão racional de cidadãos, num ambiente livre de restrições, sobre os problemas de seu bem-estar. Seria somente um pouco exagerado, no entanto, dizer que a obra completa desse autor é uma tentativa elaborada de analisar as possibilidades, na complexidade das sociedades contemporâneas, de preservar o princípio da esfera pública.

Parte da análise da esfera pública no capitalismo avançado, que Habermas desenvolveu nessa época, aponta para o fenômeno de uma população despolitizada, manipulada pela mídia de massa, impedindo, portanto, a formação discursiva de uma vontade política capaz de controlar a sociedade e o Estado, baseada nos interesses da maioria dessa população. Em vez disso, a ciência e a tecnologia, contrários a seu potencial para liberação, transformaram-se em uma ideologia dos interesses imperativos do investimento capitalista. Segundo essa análise, uma das tendências responsáveis pela despolitização do público é "a interdependência crescente da pesquisa, da tecnologia e da administração governamental, que vem transformando as ciências numa força primária da produção" (HABERMAS, 1971/1974, p. 5).[12] Uma consequência importante dessa tendência é a exclusão de questões práticas da discussão pública, criando uma erosão na tradição cultural, que regulava a economia, a administração e a conduta, criando uma série de crises de legitimação em sociedades capitalistas.[13]

---

[12] Ver os ensaios em HABERMAS 1968/1971, especificamente "Ciência e tecnologia enquanto ideologia".

[13] Examinadas em HABERMAS, 1973/1976.

Essa análise levou Habermas a examinar a política da ciência e a produção do conhecimento, especificamente em instituições de ensino superior (HABERMAS, 1968/1971). Nessa empreitada, Habermas tenta não somente compreender a reestruturação do sistema de ensino superior, na Europa, naquela época, como parte do planejamento tecnológico vinculado aos interesses do complexo militar-industrial, mas também a possibilidade de reagir contra essa tendência, reconstituindo as instituições de ensino superior como entidades políticas. Nelas poderia ser desenvolvida uma crítica da ciência, o que serviria como ímpeto na discussão política das consequências do progresso científico e tecnológico, por meio de uma formação discursiva da vontade política, portanto, um processo de repolitização do público.

Obviamente, as reflexões desenvolvidas nesses ensaios e livro, de teor sociofilosófico, implicam uma teoria do conhecimento que vincula a produção do conhecimento a imperativos sociais de controle e emancipação. É exatamente isso que Habermas desenvolve na sua principal obra epistemológica.

(b) A epistemologia de Habermas deve muito à insistência da Escola de Frankfurt numa teoria crítica da sociedade que não ficasse presa à especulação metafísica, nem ao cientificismo[14]. O resultado é uma teoria do conhecimento que vincula conhecimento a interesses "antropológicos" humanos, com o objetivo de identificar uma forma do conhecimento orientado à emancipação humana e fundamentado na história da espécie.

No seu livro sobre conhecimento e interesses[15], é o interesse cognitivo na emancipação (um interesse da *espécie humana*, constituído antropologicamente) que fundamenta a possibilidade de

---

[14] Compreendido, nas palavras de Habermas (*apud* PUSEY, 1987, p. 20), como "a crença que a ciência tem nela mesma: ou seja, a convicção de que não podemos mais compreender a ciência como uma das formas possíveis de conhecimento, mas em vez disso deveríamos identificar conhecimento com ciência".

[15] Esse projeto foi anunciado em sua conferência ao receber o posto de professor titular, na Universidade de Frankfurt, (HABERMAS, 1965/1978) e desenvolvido em HABERMAS, 1968/1978.

uma reflexão crítica. Essa epistemologia insere-se no espírito da crítica da razão kantiana, agora concebida como uma crítica da razão impura,[16] encarnada na história e nas condições sociais e naturais da vida humana. O conceito central aqui é a reflexão, principalmente a autorreflexão da teoria sobre si mesma, ou seja, sobre suas próprias condições de possibilidade, algo negado como possível ou necessário para a vertente empirista da filosofia analítica da ciência da época.[17] Outra preocupação central é a autorreflexão do pensamento na história, ou seja, "o movimento do pensamento" (HABERMAS, 1968/1978, p. 353), tema esse inteiramente natural para alguém como Habermas, formado no pensamento alemão, especificamente na tradição de Hegel e Marx, mas totalmente estranho para pensadores da tradição analítica e anglo-saxã do pensamento, na qual se encontrou a filosofia da ciência dominante da época.

A empreitada de Habermas, a partir dessa teoria, pode ser compreendida, nas próprias palavras do autor, como sendo a revitalização da "noção kantiana do fato da razão" (HABERMAS, 1968/1978, p. 380). O *insight* kantiano de que o sujeito tem um papel importante na construção do conhecimento será preservado e transformado por Habermas numa teoria que tenta destranscendentalizar a epistemologia kantiana.[18] O que distingue essa teoria da epistemologia kantiana é o fato de Habermas querer mostrar que o conhecimento não é construído pelo indivíduo

---

[16] Ver MCCARTHY, 1994.

[17] Como Habermas nota no posfácio da segunda edição de seu livro, a própria filosofia analítica da ciência começou a se preocupar com essas questões com a chamada filosofia pós-empirista ou pós-positivista da ciência, desenvolvida por Kuhn, Lakatos, Toulmin, Feyerabend e outros. Para análises do ponto de vista da filosofia continental, ver APEL, 1980. De um ponto de vista diferente, o trabalho de Rorty, especialmente RORTY, 1979, oferece uma crítica à tradição epistemológica ocidental como um todo. Essa crítica é mais radical e, obviamente, tenta livrar-se de qualquer tipo de fundamentação para o conhecimento.

[18] Esse projeto de "destranscendentalizar" Kant continua, até os escritos epsitemológicos mais recentes de Habermas, disutidos no capítulo III. Para uma detalhada análise filosófica da crítica que Habermas faz da dedução transcendental de Kant, ver DURÃO, 1996.

solitário. Com base na crítica hegeliana da epistemologia kantiana, e também na crítica marxista de Hegel, ele quer mostrar que "o conhecimento e a compreensão são coordenados socialmente e sempre condicionados e mediados pela experiência histórica [...] que não há conhecedor sem cultura e que *todo o conhecimento é mediado por experiência social*" (PUSEY, 1987, p. 23).

Nessa argumentação, Habermas segue a crítica hegeliana da filosofia transcendental de Kant, ou seja, a ideia de que o sujeito não pode ser considerado a origem absoluta do conhecimento, fora e acima do movimento da história. Ele tenta, assim, resgatar a crítica radical da epistemologia, a partir de Hegel, e mostrar que a construção do conhecimento científico está interligada com um processo formativo que é sócio-histórico (*Bildungsprozess*). O idealismo de Hegel entendeu isso como o processo autoformativo do Espírito (*Geist*), que não pode ser analisado dentro do empreendimento da epistemologia, tal como foi entendido pela filosofia moderna – de Descartes a Kant – com foco na forma do conhecimento e nos seus fundamentos lógicos, mas somente por uma autorreflexão fenomenológica da mente (*Geist*). Ou seja, por meio de uma análise de como *Geist* desdobra-se na história, o movimento progressivo da consciência, que não tenta fundamentar o conhecimento nela própria como um princípio original ou fundamento a-histórico.

A tese central de Habermas, nessa época, pode ser resumida da seguinte maneira: os pontos de vista pelos quais nós compreendemos a realidade, bem como as estratégias cognitivas gerais, que guiam nossa indagação sistemática, têm sua base na história natural da espécie humana. Em outras palavras, são amarrados aos imperativos de uma forma de vida sociocultural (MCCARTHY, 1978). Tais imperativos foram entendidos por Habermas, nessa teoria, como três interesses básicos: 1) o interesse técnico na previsão e no controle de eventos no ambiente natural, que guia as ciências naturais e os aspectos das ciências sociais que compartilham desse objetivo; 2) o interesse prático em desenvolver possibilidades de compreensão mútua e de autocompreensão na conduta da vida, que guia as ciências histórico-hermenêuticas;

3) o interesse emancipatório em se liberar das limitações pseudo-naturais cujo poder reside na sua falta de transparência, que guia as teorias críticas, como marxismo e psicanálise. É isso que Habermas chamou de *Teoria Crítica*.

Todo conhecimento é, digamos assim, fundamentado em pontos de vista antropológicos diferenciados. Dessa maneira, Habermas desenvolve um argumento contra o 'objetivismo' entendido como sendo a perspectiva de que o mundo pode ser explicado como um universo de fatos cuja conexão pode ser descrita objetivamente, ou seja, que temos acesso neutro à realidade. Pelo contrário, segundo Habermas, fatos são *constituídos* pelo arcabouço transcendental que é a precondição do significado de proposições teóricas. Em outras palavras, afirmações teóricas têm que ser entendidas com relação aos esquemas anteriores de referência, e o conhecimento, que é produto dos processos de indagação – vinculados aos três interesses cognitivos –, pode ser considerado objetivo *da perspectiva daquele interesse*. Podemos dizer que Habermas quis fundamentar o conhecimento 'antropologicamente', preservando a diferenciação estabelecida nos campos das ciências e rejeitando o fundacionalismo comum à tradição epistemológica ocidental.

Falar em "antropologia cognitiva" com relação aos interesses cognitivos quer dizer que, apesar de serem 'quase transcendentais' (no sentido de que são as condições da possibilidade de conhecimento nos três campos do saber), eles têm sua base na história da espécie. Para Habermas, são universais e estabelecem os pontos de vista a partir dos quais os seres humanos podem compreender a realidade, e fazem parte da história natural e social dos seres humanos. Podemos, em outras palavras, reconstruir a "história cognitiva da espécie" (DURÃO, 1996, p. 96). Portanto, interesses cognitivos não podem ser eliminados em nome de uma 'objetividade neutra', porque eles mesmos determinam o aspecto sob o qual a realidade pode ser considerada um objeto de reflexão científica. Eles são, em vez disso, as condições necessárias da possibilidade da experiência que pode ser chamada objetiva. Formam, como estruturas cognitivas, uma parte de um sistema social maior que é, por sua vez, um produto da evolução sociocultural da espécie humana. Aqui vemos a conexão entre essa epistemologia e a teoria de racionalização exposta acima: o desenvolvimento desses interesses cognitivos e, portanto, do conhecimento confiável sobre o mundo, faz parte da evolução social compreendida como um processo de desencantamento e racionalização.

(c) Isso me leva à reconstrução que Habermas faz da concepção da teoria crítica encontrada na obra marxiana. É importante salientar que, segundo o teórico, foi Marx que estabeleceu os fundamentos para entendimento da teoria do conhecimento como teoria social, no sentido de descoberta do mecanismo de progresso na reflexão compreendida como a autorreprodução da espécie. O que Hegel tinha entendido como uma manifestação histórica da consciência (*Geist*), Marx mostrou como sendo dependente do "desenvolvimento das forças de produção que fornecem o 'empurro' para abolir e superar uma forma de vida que tem sido reificada em positividade e que se tornou uma abstração" (HABERMAS, 1968/1978, p. 43). Portanto, a teoria social é a disciplina necessária e apropriada para investigar esse processo de autoprodução da espécie – incluindo a produção do conhecimento –, e não a epistemologia clássica (de Descartes a Kant), nem a fenomenologia do *Geist* (Hegel). Nesse sentido, o pensamento de Marx marcou uma divisão de águas na tentativa de superar a tradição epistemológica ocidental.

Mas, segundo Habermas, Marx também falhou nessa tentativa, quando identificou o ato autogenerativo da espécie humana com trabalho. Nesse movimento, segundo Habermas,

> Marx reduz o processo de reflexão ao nível da ação instrumental. Na tentativa de reduzir o autodesenvolvimento do ego absoluto à atividade produtiva mais tangível da espécie, ele elimina a reflexão como tal como uma força na história, apesar de reter o arcabouço da filosofia da reflexão [...] *Marx concebe a reflexão segundo o modelo de produção*. Porque ele começa tacitamente com essa premissa, não é incoerente que ele não distinga entre o estatuto lógico das ciências naturais e *kritik*. (HABERMAS, 1968/1978, p. 44)

Segundo Habermas, esse pensamento conduziu Marx à insistência de que o modelo das ciências naturais é a única *forma* de conhecimento possível, fazendo-o, portanto, cair, implicitamente, na armadilha do cientificismo. De acordo com essa interpretação, para Marx, as ciências naturais servem como modelo para todo conhecimento sistemático e válido. Para Habermas, Marx nunca fez clara distinção entre ciência natural, ciência social e teoria crítica (*kritik*). Todo conhecimento é, digamos assim, fundamentado no ponto de vista antropológico de um possível controle técnico. Isso leva Habermas a argumentar que a epistemologia de Marx não dá espaço para a legitimidade de ciências que não compartilhem desse ponto de vista. Baseado nesta leitura, Habermas conclui que, para Marx, a teoria social é igual à ciência natural, mas é exatamente essa equivalência que Habermas quer rejeitar.

Para Habermas, então, pelo menos na primeira fase do desenvolvimento de seu pensamento, a dimensão 'eclipsada', ou perdida, da razão somente pode ser articulada como uma Teoria Crítica fundamentada no interesse cognitivo emancipatório. Seu trabalho pode ser visto como uma tentativa de resgatar o poder de reflexão na história, de uma maneira que vai além dessa concepção da razão, em direção a uma concepção da racionalidade incorporada em processos de interação mediada pela linguagem.

A virada linguística

Na primeira fase do pensamento de Habermas, houve ainda elementos da filosofia da consciência na forma de uma filosofia transcendental, embora reformulada. No entanto, nesse mesmo período, Habermas começa a falar sobre "o paradigma de linguagem", que focaliza as "estruturas de intersubjetividade lingüística" que formam uma "dimensão na qual os sujeitos que agem podem alcançar, racionalmente, um acordo". Esse novo paradigma "permite a reformulação do modelo transcendental de uma maneira que se torna desnecessário acrescentar um sujeito transcendental ao sistema de condições, categorias e regras estabelecidas pela teoria lingüística" (HABERMAS, 1968/1978, p. 377).

Habermas, nesse período, também desenvolveu uma análise dos poderes reificados, que oprimem o sujeito com base nesse paradigma de linguagem, argumentando que o interesse emancipatório se desenvolveu "[...] na medida em que uma força repressiva, na forma de um exercício normativo de poder, se representa permanentemente nas estruturas da comunicação distorcida". Ou seja, o *locus* de poder está aumentado além da esfera da produção – trabalho e dinheiro – para incluir a esfera da comunicação – interação –, na medida em que toda ação social, qualquer que seja, está, necessariamente, mediada pelo uso da linguagem em comunicação.

Habermas argumentou, então, que a "comunicação sistematicamente distorcida"[19] tem sua origem em conflitos *extralinguísticos* que reprimam significados 'esclarecidos' e, por isso, temos que explicar a *causa* dessas distorções nas estruturas e nos mecanismos econômicos, políticos e sociais. Em outras palavras, as ciências hermenêuticas, por si sós, não têm a capacidade de compreender esses mecanismos, porque estão presas à compreensão linguística factual, ou seja, à compreensão que se baseia na experiência do indivíduo e nas categorias de significado reconhecidas e aceitas pela comunidade[20]. Uma ciência mergulhada nessa perspectiva não pode penetrar debaixo das interpretações hegemônicas aceitas numa comunidade e resultadas na relação de poder entre grupos sociais diferenciados por interesses antagônicos.

Além disso, como Habermas argumentou em sua crítica à hermenêutica filosófica de Gadamer, a "linguagem *também* é *médium* de dominação e de poder social. Ela serve à legitimação de relações de violência organizada. Na medida em que as legitimações não manifestam (*aussprechen*) a relação de violência, cuja institucionalização possibilitam, e na medida em que isso apenas se exprime (*ausdrückt*) nas legitimações, a linguagem *também* é ideológica"

---

[19] Ver HABERMAS, 1970.

[20] Essa crítica é também desenvolvida no plano metodológico, contra vertentes da sociologia interpretativa, especificamente a fenomenologia de Schutz, a etnometodologia e a hermenêutica filosófica. Ver HABERMAS, 1981/1984, p. 120-141. Para uma crítica da hermenêutica filosófica de Gadamer, também ver HABERMAS, 1970/1980; 1971/1987.

(HABERMAS, 1971/1987, p. 21). A *Teoria Crítica*, portanto, tem que ser entendida em dois níveis: (a) como *ideologiekritik*, ou seja, como crítica da ideologia, necessária para expor a relação entre estruturas socioeconômicas e formas dominantes de pensamento; (b) como psicanálise, ou seja, como uma terapia que ajude o sujeito a se livrar das causas psicossociais da comunicação sistematicamente distorcida. No desenvolvimento dessa perspectiva, Habermas (1970/1980) primeiro sugeriu uma forma de reflexão hermenêutica profunda, que poderia quebrar o elo patológico entre as interpretações 'distorcidas' e a ação social que as sustenta. Mas qual é a base normativa dessa forma de reflexão? Nessa primeira fase, Habermas desenvolveu a base normativa baseando-se no modelo do psicanalista, que tem uma prenoção, ou compreensão, de comunicação não distorcida, sendo, portanto, capaz de identificar as causas das distorções sistemáticas de linguagem para, depois, "reconstruir as condições que permitem a fala normal" (HABERMAS, 1968/1978, p. 379). No entanto, esse modelo será substituído, aos poucos, por outro, que analisa a ideia de uma comunicação não distorcida em termos de uma teoria de competência comunicativa.

Junto com a virada linguística, Habermas estabelece uma nova metodologia de análise, que ele chama de reconstrução racional e que tem como objetivo principal reconstruir o sistema de condições, categorias e regras que condicionam a possibilidade de agentes, que são capazes de falar e agir, construir e utilizar conhecimento, bem como agir racionalmente.[21] Os modelos para esse tipo de análise são a teoria de competência linguística de Chomsky e a da competência cognitiva de Piaget, que tentam reconstruir as regras gerativas que o sujeito tem que adquirir para ser capaz de produzir frases bem-formadas e conhecimento científico, respectivamente. Habermas também elabora uma análise do desenvolvimento ontogenético desse sistema de regras, enfatizando que a competência comunicativa é somente atingida na idade adulta.

---

[21] Para uma análise do modelo de reconstrução racional, ver HABERMAS, 1983/1990, especificamente o ensaio "Reconstruction and Interpretation in the Social Sciences".

É importante salientar que, para o filósofo, "hoje em dia, o problema da linguagem substituiu o problema da consciência", demandando o desenvolvimento de uma análise de linguagem e comunicação como centrais, tanto à teoria social quanto à filosofia. Outra consequência dessa virada linguística no pensamento de Habermas foi a mudança de ênfase das questões puramente epistemológicas e metodológicas para a problemática da racionalidade. Como o próprio autor afirmou:

> A teoria do agir comunicativo [...] não é uma continuação da metodologia por outros meios. Quebra com a primazia da epistemologia e trata os pressupostos de ação orientada ao entendimento mútuo *independentemente* das pré-condições transcendentes do conhecimento. (HABERMAS, 1982/1988, p. xiv)

Como Habermas disse nos estudos preliminares para sua teoria de agir comunicativo, "a idéia de razão [...] está necessariamente embutida na maneira pela qual a espécie de animais falantes se reproduz. Na medida em que proferimos atos de fala, somos sujeitos ao imperativo de 'razão', para utilizar um honorífico para o poder que gostaria de derivar da estrutura da fala" (HABERMAS, 1971/2001, p. 85-86).

Aspectos da racionalidade da ação e processos de aprendizagem

A teoria do agir comunicativo tem a ação social como seu foco principal de análise. Seguindo Weber, bem como outras teorias sociológicas de ação, Habermas sustenta a tese de que as ações sociais podem ser avaliadas em termos de sua racionalidade (HABERMAS, 1976/1979b; 1981/1984, p. 75ff). A tipologia central, aqui, é composta de quatro categorias de ação: ação estratégica (teleológica), ação regulada por normas, ação dramatúrgica e agir comunicativo[22]. Para Habermas, nos quatro modelos, a ação pode ser planejada e executada, mais ou menos racionalmente, e

---

[22] A ação estratégica é central ao conceito de *Zweckrationalität*, de Weber, bem como teorias de ação racional; ação regulada por normas é central a *role theory*; ação dramatúrgica é teorizada, por exemplo, na teoria de representação do Eu, de GOFFMAN, 2001, bem como HARRÉ, 1979.

avaliada, como mais ou menos racional, para uma terceira pessoa. Além disso, os pressupostos ontológicos de cada modelo – na sequência teleológica, normativa, dramatúrgica e comunicativa – são cada vez mais complexos, revelando implicações cada vez mais fortes para a racionalidade (HABERMAS, 1981/1984, 87ff).

A ação teleológica pressupõe um mundo de objetos e estados de coisas que existem ou poderiam ser criados por intervenção proposital. A racionalidade desse tipo de ação pode ser avaliada com base nos critérios de verdade e eficácia. O agente tem crenças sobre o mundo, que podem ser representadas nos conteúdos proposicionais de sentenças. Essas crenças podem ser verdadeiras ou falsas, dependendo da relação entre as percepções e crenças do agente e o que, de fato, existe no mundo. Se o agente consegue modificar o mundo conforme seus desejos e intenções, a ação pode ser considerada eficaz; caso contrário, a ação pode ser considerada irracional, porque é ineficaz. A racionalidade da ação teleológica pode ser analisada dessa forma, seja a ação instrumental de um indivíduo ou a ação estratégica entre dois ou mais indivíduos (HABERMAS, 1981/1984, p. 87-88)[23]. Por último, esse modelo abre a possibilidade de aprendizagem, no plano cognitivo, de percepções e crenças mais alinhadas com a realidade.

Para analisar a ação normativa, precisamos pressupor dois mundos: o mundo de estados de coisas e o mundo social, que consiste em um contexto normativo que determina quais normas têm uma força para os atores que as aceitam como válidas e quais interações e, portanto, relações interpessoais entre agentes, são legítimas. Em outras palavras, existem normas no mundo, além de estados de coisas, e o agente estabelece uma relação reflexiva com essas duas dimensões ontológicas. Atores sociais também formam um "complexo motivacional", além do complexo cognitivo necessário para a ação teleológica. Isso quer dizer que agentes podem adotar uma atitude com relação ao mundo objetivo e uma atitude com relação ao mundo social. A racionalidade de ação

---

[23] *Game theory* e *decision theory* são os principais modelos para a análise desse tipo de ação.

normativa pode ser avaliada de duas maneiras: se os motivos e ações de um agente estão em conformidade com as normas existentes; e se as normas existentes expressam os interesses generalizáveis dos membros da comunidade e merecem aceitação, ou seja, se o contexto normativo pode ser justificado e, portanto, considerado legítimo. A aprendizagem, nesse modelo, refere-se à internalização de valores e à formação de um "complexo motivacional" adequado ao contexto normativo existente, ao estabelecimento de relações interpessoais fundamentadas nesse contexto, bem como às ações orientadas aos valores prescritos normativamente para todos em uma comunidade.

No entanto, esse modelo abre a possibilidade de uma aprendizagem mais profunda, digamos assim; abre a possibilidade de justificar ou não o contexto normativo por ele mesmo. Diante de situações-problema, os membros de uma comunidade qualquer podem avaliar se as normas consideradas legítimas, aqui e agora, realmente satisfazem seus interesses generalizáveis, por meio de um processo discursivo de interpretação de suas necessidades[24]. Nesse caso, a força motivadora das normas existentes pode enfraquecer, desencadeando uma situação em que novas necessidades são interpretadas e desenvolvidas em novas disposições, por meio de processos de aprendizagem. Assim, o contexto normativo é transformado. Em outras palavras, há uma transformação do mundo social (HABERMAS, 1981/1984, p. 88-90). Essa possibilidade, que depende do agir comunicativo, será descrita abaixo.

A terceira forma de ação social, a dramatúrgica, abre mais uma dimensão ontológica e, portanto, mais uma relação com o mundo, dessa vez com o mundo subjetivo do agente. Habermas define essa dimensão ontológica como sendo "a totalidade de experiências subjetivas à qual o ator tem, em relação aos outros, um acesso privilegiado" (HABERMAS, 1981/1984, p. 91). As

---

[24] Esse nível de aprendizagem requer o desenvolvimento de um Eu pós-convencional, capaz de se distanciar das normas de sua cultura para avaliá-las. A teoria da subjetividade, baseada na psicologia social de George Herbert Mead, que explica essa capacidade e como ela se constrói, é elaborada em HABERMAS, 1988/1992b. Essa teoria será discutida em detalhes no capítulo III.

experiências primárias, aqui, são desejos e sentimentos que, por sua vez, estão enraizados nas necessidades. Além disso, "a parcialidade de desejos e sentimentos é expressa, no nível da linguagem, na interpretação das necessidades, ou seja, em valorações para as quais expressões valorativas estão disponíveis" (HABERMAS, 1981/1984, p. 92). Em outras palavras, apesar de serem experiências subjetivas, desejos e sentimentos não podem ser completamente idiossincráticos. Eles devem ser compreensíveis, e isso requer que expressões valorativas ou padrões de valor sejam caracterizados de tal maneira que outros membros da mesma tradição cultural possam reconhecer suas próprias necessidades nessas interpretações (HABERMAS, *ibidem*). Aqui, o critério de avaliação é a coerência entre os desejos e sentimentos expressados pelo agente e os padrões de valor compartilhados na sua cultura. Além disso, há a possibilidade de um descompasso entre a forma de expressar sua subjetividade e suas verdadeiras experiências, bem como entre seus desejos e sentimentos e suas ações. Aprendizagem, nesse caso, se dá: pelo ajuste de nossos desejos e sentimentos aos padrões de valor da nossa cultura; pelo ajuste entre as maneiras de expressar esses aspectos de nossa natureza interior e as experiências internas que temos de fato; e pelo ajuste de nossas ações com os desejos e sentimentos que expressamos[25].

A quarta e última forma de ação social analisada por Habermas é o próprio agir comunicativo. É nessa forma de ação que o ser humano pode estabelecer uma relação reflexiva com os três mundos já descritos, possibilitando a coordenação da ação social. Mais do que isso, é no agir comunicativo que processos de aprendizagem podem resultar na transformação desses mundos. Vejamos, brevemente, como isso pode acontecer.

O conceito do agir comunicativo enfatiza o médium *linguístico* que possibilita uma relação reflexiva com os três mundos.

---

[25] É interessante comparar essa análise da reflexividade da ação dramatúrgica com a concepção da racionalidade de Charles Taylor, que trata da articulação de "avaliações fortes", incluindo desejos e sentimentos, como o paradigma de reflexividade. Ver TAYLOR, 1985a, 1985b.

O problema que há nos três conceitos de ação social descritos acima é que a linguagem é compreendida somente em uma de suas funções e não como

> um médium de comunicação plena (*uncurtailed*), no qual falantes e ouvintes, na base de um contexto de seu mundo da vida (*lifeworld*) pré-interpretado, referem-se simultaneamente a coisas nos mundos objetivo, social e subjetivo, com o fim de negociar definições em comum da situação. Esse conceito interpretativo de linguagem está por trás dos esforços variados de se desenvolver uma pragmática formal. (HABERMAS, 1981/1984, p. 95)

Habermas argumenta que o tipo de comunicação correspondente aos conceitos de linguagem associados às outras formas de ação social são, de fato, casos limite de comunicação. Em outras palavras, a ação teleológica envolve a comunicação indireta daqueles que somente agem para os fins de realizar seus próprios desejos e interesses. A ação normativa envolve uma comunicação que tem como objetivo renovar um acordo normativo já existente, ou seja, o aspecto principal está no estabelecimento de uma relação interpessoal. A ação dramatúrgica envolve uma comunicação que tem o propósito de apresentar o *Self* a uma plateia qualquer, ou seja, aqui a ênfase está na expressão de experiências subjetivas. O modelo do agir comunicativo tem a vantagem de incluir todas essas funções de linguagem, permitindo, assim, ao falante estabelecer, simultaneamente, uma relação reflexiva com os três mundos em processos de alcançar o entendimento.

No modelo do agir comunicativo, alcançar o entendimento mútuo por intermédio da linguagem é considerado um mecanismo que coordena a ação entre indivíduos. Obviamente, a ação de participantes em ação estratégica, coordenada por seus interesses, é também mediada pela linguagem, assim como a ação regulada por normas e a ação dramatúrgica. Essas duas últimas dependem, ainda, de um consenso formado entre os participantes em ação. A linguagem é o médium de toda ação social. O que marca a principal diferença no agir comunicativo é o fato de que o mecanismo de coordenação da ação é um processo discursivo para se alcançar um entendimento mútuo.

Assim, o agir comunicativo é a forma de ação que tem o maior potencial para encadear processos de aprendizagem, tanto no nível individual quanto no nível coletivo. É por meio desse tipo de ação social que a racionalização da sociedade alcança seu nível mais avançado e que, portanto, a razão se manifesta na história.

Essa análise resulta em uma tipologia de aspectos da racionalidade da ação, que engloba as dimensões cognitivo-instrumental, moral-prático e estético-prático, como mostrado na figura abaixo.

Figura 2: Aspectos da racionalidade da ação

Tipos de ação	Tipo de Conhecimento	Forma de argumentação	Modelo de transmissão de conhecimento
Ação teleológica/ação instrumental	conhecimento útil tecnicamente e estrategicamente	Discurso teórico	Estratégias Tecnologias
Atos de fala constativos	conhecimento empírico-teórico	Discurso teórico	Teorias
Ação regulada por normas	conhecimento moral-prático	Discurso prático	Representações legais e morais
Ação dramatúrgica	conhecimento estético-prático	Crítica estética e terapêutica	Obras de arte

Fonte: HABERMAS, 1981/1984, p. 334.

Como pode ser visto, cada tipo de ação está vinculado a um tipo de conhecimento, a um modelo da transmissão daquele conhecimento e a uma forma de argumentação. A ação teleológica é a ação instrumental e estratégica, que prevalece nos processos de racionalização das estruturas dos subsistemas econômico e administrativo do poder. Os outros três tipos de ação – conversação, ação normativa e ação dramatúrgica – são tipos de ação que prevalecem nos processos da reprodução e racionalização do mundo da vida, nas suas dimensões ética, política e cultural. As formas de argumentação são dimensões da "forma reflexiva do agir comunicativo"; uma forma reflexiva de ação linguística que é encadeada em processos de interação mediados pela linguagem e que pode promover um processo formativo da sociedade, da cultura e das identidades individuais em direção à emancipação.

Assim, Habermas divide a ação social em ação estratégica e agir comunicativo, como na figura 3 abaixo.

Figura 3

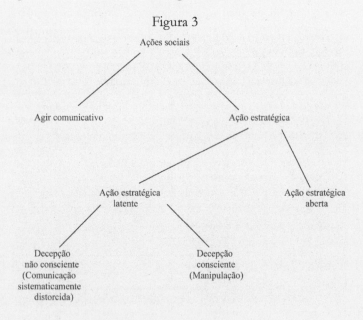

Fonte: HABERMAS, 1981/1984, p. 333.

Nesse modelo, a comunicação sistematicamente distorcida, como uma patologia da comunicação, está concebida como sendo o resultado da confusão entre ações orientadas ao entendimento mútuo e ações orientadas ao sucesso dos interesses privados do agente. Habermas explica ação social por meio de uma pragmática formal, que analisa tipos puros de interação mediada pela linguagem, para mostrar como ações sociais encorparam tipos diferentes de conhecimento e, portanto, são suscetíveis a processos de racionalização.

Razão comunicativa e a pragmática da comunicação

> Não é o caso dessa ou daquela preferência, de noções 'nossas' ou 'deles' de uma vida racional; em vez disso, o que está em jogo aqui é a reconstrução de uma voz da razão, uma voz que estamos obrigados a deixar falar nas práticas comunicativas diárias – se queremos ou não.[1]

A racionalidade comunicativa

O conceito de razão comunicativa foi desenvolvido por Habermas numa tentativa de encontrar uma concepção de razão situada historicamente – como algo "concretizado na história, sociedade, corpo e linguagem" (HABERMAS, 1985/1987, p. 172) –, mas que, ao mesmo tempo, distancia-se das contingências históricas, para criticá-las. Por isso, a racionalidade comunicativa é uma concepção puramente processual da razão, que pressupõe que nenhuma perspectiva concreta pode ser privilegiada com relação à sua racionalidade.

Como vimos no capítulo anterior, na opinião de Habermas, o poder da razão/reflexão somente pode ser entendido se conseguirmos nos livrar da filosofia da consciência (ou do sujeito). Isso quer dizer, entre outras coisas, que, para "resgatar a experiência esquecida de reflexão" temos que analisar a pragmática da comunicação, ou seja, a pragmática do uso de linguagem na mediação da interação social. Essa análise tenta descrever "as estruturas gerais da comunicação linguística" (HABERMAS, 1974/2001, p.

---

[1] HABERMAS, 1986/1991.

137), que são universais e, sobretudo, a *condição da possibilidade* de uma reflexão crítica e a construção do conhecimento em todos os domínios da vida, incluindo as esferas moral-prática e estética. Assim, Habermas amplia a análise da razão para além da razão teórica; para a razão prática, em uma concepção que recupera a unidade da razão, mas uma razão fraca em comparação com a concepção de razão desenvolvida pelo pensamento iluminista.

Essa concepção comunicativa da racionalidade é decorrente da análise que Habermas faz da forte relação entre linguagem e razão; ou seja, é na análise da linguagem, especificamente na sua teoria da pragmática formal[2], que Habermas localiza a racionalidade comunicativa e, portanto, os vestígios do sonho da liberdade através da razão. Habermas argumenta que existe um potencial para a racionalidade contida em práticas linguísticas. Como ele próprio afirma:

> Nunca teria tentado uma reconstrução pragmático-formal do potencial racional da fala se não tivesse a expectativa de que, dessa maneira, pudesse obter um conceito de racionalidade comunicativa do conteúdo normativo dos pressupostos universais e inevitáveis da prática necessária (*uncircumventable*) de processos cotidianos de alcançar entendimento. Não é o caso dessa ou daquela preferência, de noções 'nossas' ou 'deles' de uma vida racional; em vez disso, o que está em jogo aqui é a reconstrução de uma voz da razão, uma voz que estamos obrigados a deixar falar nas práticas comunicativas diárias – se queremos ou não. (HABERMAS, 1986/1991, p. 207)

O que é importante notar, por enquanto, é que o agir comunicativo estabelece uma relação reflexiva com o mundo, na qual a pretensão de validade levantada em cada enunciado deve ser reconhecida intersubjetivamente; para isso acontecer, o falante depende da cooperação dos outros. Como uma comentarista

---

[2] Habermas inicialmente deu o nome de pragmática universal a essa teoria e depois modificou para pragmática formal. Essa teoria foi esboçada nas conferências Christian Gauss, proferidas na Universidade de Princeton, em 1971 (HABERMAS, 1971/2001) e desenvolvida em "What is universal pragmatics?", In: HABERMAS, 1976/1979, bem como uma série de outros artigos e capítulos de livros, publicados entre 1976 e 1996, a maioria dos quais se encontram em HABERMAS, 1976-1996/1998.

tem notado, "participantes em agir comunicativo podem prosseguir com seus objetivos somente em cooperação um com o outro" (COOKE, 1994, p. 12). Daí o reconhecimento e, portanto, o 'resgate' ou rejeição da pretensão da validade estabelece uma "relação interpessoal de obrigação mútua" entre falante e ouvinte, uma obrigação que "não é moral, mas racional" (COOKE, 1994, p. 12-13)[3]. Essa obrigação consiste, se for necessário, em oferecer razões para justificar a pretensão de validade (ou em aceitar a pretensão do outro se não tiver razões boas para rejeitá-la). É nesse sentido que a racionalidade é interna ao agir comunicativo – os atos comunicativos do cotidiano, com os quais nós reproduzimos e transformamos nosso mundo da vida.

A racionalidade comunicativa, então, é um potencial processual, contido na fala, que não se refere a nenhuma forma de vida concreta; no entanto, não é totalmente desengajada dos contextos empíricos e históricos da vida. Habermas aceita que linguagens naturais são, de fato, relacionadas a visões de mundo linguisticamente construídas e a formas de vida socioculturais de uma comunidade qualquer, a tal ponto que dão forma ao contexto de uma vida específica. Entretanto, as mesmas linguagens naturais servem como médium para transcender os limites desse contexto; e é exatamente essa possibilidade de transcender os limites de um contexto sociocultural e as idealizações fortes que sustentam tal possibilidade que são questionadas por críticos.

Habermas reconhece a força dessa crítica, quando ele comenta que "não é tão simples responder à suspeita de que, com o conceito de ação orientada às pretensões de validade, um idealismo de uma razão pura e não situada surge de novo e as dicotomias entre os domínios do transcendental e do empírico renascem de outra forma" (HABERMAS, 1985/1987, p. 322). Contudo, ele responde dizendo que não há "uma razão pura que pode vestir-se numa roupa lingüística [...] A razão está, por sua natureza, encarnada nos contextos do agir comunicativo e

---

[3] Por isso, também, a falta de reconhecimento pelo outro pode produzir condições externas (por exemplo, na família) que geram, por sua vez, uma comunicação sistematicamente distorcida e, portanto, a falta de racionalidade da parte do falante. Ver HABERMAS, 1974/2001.

nas estruturas do mundo da vida" (*ibidem*). A distinção que ele faz é entre a pretensão de validade, que "transcende o contexto local", e o momento de levantar e reconhecer essa pretensão, que é sempre contextualizada.

> O momento transcendente da validade *universal* destrói toda a regionalização; o momento obrigatório das pretensões de validade aceitas aqui e agora torna-nos suportes de uma práxis diária ligada ao contexto [...] A validade exigida para proposições e normas transcende os espaços e os tempos, mas a exigência é levantada *aqui e agora* em certos contextos e aceita ou recusada com conseqüências factuais. (HABERMAS, 1985/1987, p. 322-333)

Segundo Habermas, então, os procedimentos argumentativos básicos – que ele identifica como sendo centrais à validação de conhecimento, definido como esquemas interpretativos adequados para consenso – são fundamentados e se tornam possíveis pela "organização interna da fala" (COOKE, 1994). Isso será discutido na próxima sessão deste capítulo.

Habermas está convencido de que somente por uma análise da comunicação será possível resgatar a reflexão como prática histórica, constituída pela realidade social e, ao mesmo tempo, constitutiva das relações sociais. É por intermédio da comunicação que nós estabelecemos relações com o mundo. É através da comunicação que nós podemos adotar uma relação reflexiva diante do mundo e é essa relação reflexiva que permite uma perspectiva crítica em relação ao mundo, considerado em suas três dimensões:

- mundo natural – por meio da construção do conhecimento verdadeiro sobre o mundo de fatos e estados de coisas;
- mundo social – por meio da crítica ou do resgate das normas, valores, significados compartilhados, etc. que regulam, normativamente, as interações entre pessoas;
- mundo subjetivo – por meio da crítica ou do resgate da sinceridade da subjetividade do indivíduo e de um projeto individual de vida.

A capacidade de distinguir diferentes dimensões da realidade, de adotar diferentes atitudes perante essas dimensões, e de fazer distinção entre dimensões e validade (ou tipos de pretensão de validade) é fundamentada na linguagem. É também, segundo Habermas, o resultado do processo histórico, que ele chama de evolução social. A diferenciação de esferas simbólicas e a racionalização da vida social, analisadas segundo sua apropriação de Weber, como vimos no capítulo anterior, criaram as condições necessárias para se realizar um *potencial racional*, que está, segundo Habermas, sempre contido nos atos comunicativos do cotidiano, embora, geralmente, de forma contrafactual (ou seja, não realizado).

É importante salientar que, para Habermas, a problemática da racionalidade permeia não somente a esfera da cognição, mas também as esferas moral, estética e subjetiva. As pretensões de validade que são levantadas nessas dimensões de referência são: a verdade de proposições e eficácia de ações teleológicas; a correção de normas de ação; a adequação de padrões de valor; e a sinceridade de expressões intencionais (desejos, crenças, emoções, sentimentos, etc.). Na medida em que um enunciado, em qualquer dessas dimensões, é problematizado, e a correspondente pretensão de validade desafiada, há sempre a possibilidade de se entrar em uma forma reflexiva do agir comunicativo, o que Habermas chama de Discurso, com o objetivo de resolver, pela argumentação, a validade da pretensão levantada. Os tipos de argumentação (Discurso) analisados por Habermas são: o Discurso Teórico, que avalia pretensões de validade da verdade proposicional; o Discurso prático, que avalia pretensões de validade das normas de ação; a Crítica Estética, que avalia a adequação de padrões de valor; e a Crítica Terapêutica, que avalia a sinceridade das expressões pessoais (HABERMAS, 1981/1984, 22ff).[4]

Por isso, a argumentação tem um lugar privilegiado no pensamento habermasiano: "debate argumentativo sobre pretensões de validade hipotéticas pode ser descrito como sendo a forma reflexiva do agir comunicativo" (HABERMAS, 1985/1987,

---

[4] No início, Habermas incluiu também um Discurso Explicativo, que analisa se formas simbólicas são bem-formadas e compreensíveis, mas o tirou da sua tipologia de Discursos após perceber que a inteligibilidade de uma expressão linguística é uma condição factual da comunicação e não uma pretensão de validade levantada em um ato de fala.

p. 323). Em outras palavras, a prática social, na qual a opinião se torna conhecimento, encontra seus critérios nos procedimentos argumentativos para resgatar ou rejeitar pretensões de validade. Por esse motivo, Habermas afirma que

> o conceito da razão comunicativa, que se refere a um sistema interconectado de pretensões universais de validade só pode ser explicado adequadamente em termos de uma teoria de argumentação. [...] Argumentos são os meios pelos quais o reconhecimento intersubjetivo de uma pretensão de validade de um proponente (*proponent*), levantada hipoteticamente, pode ser realizado e, portanto, a opinião pode ser transformada em conhecimento. (HABERMAS, 1981/1984, p. 18-25)

Contudo, afirmar que existe uma conexão interna entre o agir comunicativo e os processos de argumentação não significa afirmar que todas as formas do agir comunicativo estão conectadas com as formas de argumentação, que são abertas e críticas. Como Cooke nota, "o que conta como uma razão boa pode ser fixado e dado pelas tradições de uma sociedade qualquer, por exemplo, e a validade dessas razões pode ser considerada incontestável (*beyond dispute*)" (COOKE, 1994, p. 13). Essa comentarista, na sua análise do pensamento de Habermas, faz uma distinção interessante entre os processos de argumentação convencionais e pós-convencionais. Os primeiros são aqueles que se fundamentam nas tradições e no consenso factual prevalente numa dada sociedade, ou comunidade, que forneça os critérios do que poderia ser considerado um bom argumento. Portanto, a validade de pretensões de validade é dependente de um contexto específico; no entanto, os processos pós-convencionais de argumentação transcendem os contextos específicos de comunicação e levantam pretensões de validade universais, no sentido de que todo mundo as aceitaria como válidas (COOKE, 1994, 30f).

Dessa forma, a crítica estética não pode avaliar as pretensões de validade que são universais, porque padrões estéticos são válidos somente em contextos socioculturais específicos. O mesmo se aplica aos valores éticos, que também não têm validade além de um contexto específico de tradições de comportamento, em contradistinção às normas morais[5]. Isso não quer dizer que tais valores não podem mudar; mas que sua validade não pode ser considerada universal[6]. No entanto, as pretensões de validade sobre a verdade proposicional de um ato de fala ou de uma norma moral, por exemplo, têm que ser universais, ou seja, válidas para todo mundo ou para ninguém. Isso responde às nossas intuições de que uma crença sobre o mundo de objetos e estados de coisas, bem como normas tais como os direitos humanos, devem ter sua validade assegurada para qualquer ser humano, independentemente de contextos culturais diferentes. Discursos, então, são formas especializadas e institucionalizadas de argumentação, nas quais as pretensões de validade são tematizadas e resgatadas ou rejeitadas.

É importante notar também, que os dois modos de argumentação precisam de condições bem específicas para terem maiores chances de produzir um consenso verdadeiro em vez de um consenso falso, tais como:

> (a) publicidade e inclusividade: ninguém que pudesse fazer uma contribuição relevante com relação à pretensão de validade controversial deve ser excluído; (b) iguais direitos de se engajar em comunicação: todo mundo deve ter a mesma oportunidade de falar sobre o assunto discutido; (c) exclusão de enganação e ilusão: participantes devem ser sinceros no que eles dizem; e (d) ausência de coerção: a comunicação deve ser livre de restrições que impeçam o melhor argumento a ser levantado e que determinem o resultado da discussão. (HABERMAS, 1999/2003, p. 106-107)

Habermas, inicialmente, referiu-se a esse conjunto de pressupostos como sendo a situação ideal de fala, mas esse termo é raramente incluído nos seus escritos mais recentes.

---

[5] Obviamente, o termo "ética" está sendo usado aqui na sua concepção clássica, conforme a distinção adotada posteriormente por Habermas (1991/1993) entre a ética e a moral.

[6] Pretensões de validade de sinceridade também se aplicam somente ao indivíduo, sendo avaliadas pela coerência entre o comportamento do indivíduo e o que ele expressa sobre sua subjetividade para outros.

A linguagem como fundamentação da razão comunicativa

Habermas encontra a principal fonte da sua teoria de linguagem em Wilhelm von Humboldt, em cuja obra está destacada a distinção entre três funções de linguagem: a função cognitiva, de formar pensamentos e representar fatos; a função expressiva, de manifestar emoções e despertar sentimentos; e a função comunicativa, de falar, levantar objeções e chegar a um entendimento (HABERMAS, 1999/2003, p. 52). Outro aspecto encontrado na teoria de Humboldt é a distinção entre uma análise semântica e uma análise pragmática: "Enquanto uma análise semântica focaliza uma *visão de mundo linguística*, a análise pragmática se concentra no processo de *diálogo*, [no sentido de] discursos nos quais interlocutores possam fazer perguntas, dar respostas e levantar objeções" (HABERMAS, 1999/2003, p. 53).

Para Humboldt, a semântica de visões de mundo linguísticas, ou a "semântica de conteúdo", tem como objetivo desvendar o mundo, ou seja, expressar a visão do mundo – a maneira específica de pensar e sentir – de uma nação ou povo. Nas palavras de Habermas, para Humboldt, "o léxico e a sintaxe de uma linguagem estruturam a totalidade de conceitos fundamentais e maneiras de entender que articulam a pré-compreensão de tudo o que os membros de uma comunidade linguística podem encontrar no mundo" (*ibidem*). Nessa perspectiva, é a linguagem que constitui as interpretações do mundo de uma comunidade linguística.

Outro fator importante é o caráter social da linguagem, a que Humboldt dá prioridade. Ele argumenta que uma linguagem nunca é propriedade privada de um indivíduo, mas gera uma rede de significados que são intersubjetivamente compartilhados, incorporados na cultura e nas práticas sociais de uma comunidade linguística (HABERMAS, 1999/2003, p. 54). Habermas aceita, então, que a linguagem é "o órgão formativo do pensamento: a interpenetração de linguagem e realidade é tanta que não há nenhum acesso imediato a uma realidade não interpretada para o sujeito cognoscente" (*ibidem*). Na sua forma mais radical, essa perspectiva resulta na tese de que não somente nossa compreensão do mundo, mas o mundo, ele mesmo, é constituído pela linguagem. Lafont (1999) chama isso de: a tese de que "o significado determina o referente", que é comum à tradição da hermenêutica filosófica, especialmente em Heidegger e Gadamer.

No entanto, Habermas insiste que, do ponto de vista do uso de linguagem em atos de fala, uma contratendência à semântica do conteúdo poderia ser analisada. Em outras palavras, é em diálogo – a que Humboldt chamou de "o ponto focal de linguagem" – que interlocutores podem chegar a um entendimento mútuo sobre algo. Para Habermas, então, o pensamento e a ação do sujeito não estão totalmente determinados pela semântica do conteúdo de uma comunidade linguística qualquer, porque sua visão de mundo poderia estar confrontada com a realidade e a pretensão de validade do conteúdo proposicional de seu ato de fala resgatado ou rejeitado.

Segundo Habermas, Humboldt antecipou o problema de incomensurabilidade, encontrado em análise que se concentra somente no "conteúdo semântico", a saber: se uma linguagem natural *constitui* o mundo, digamos assim, as visões de mundo expressadas em linguagens diferentes devem ter, para uma determinada comunidade linguística, uma necessidade *a priori*. Mas, se isso é a verdade, "a visão de mundo linguisticamente constituída deve ser um universo semântico fechado, do qual falantes podem escapar somente para serem convertidos para outra visão do mundo" (HABERMAS, 1999/2003, p. 56). O problema principal dessa versão da "virada linguística" na filosofia é que ela resulta na impossibilidade de correção de crenças, valores, normas, etc. Ou seja, a possibilidade de estar confrontada pela realidade, que é independente do universo semântico pelo qual nós olhamos o mundo, não seria possível. E, se isso é impossível, não há como melhorar nosso conhecimento do mundo, portanto, aprendizagem, no sentido de uma *melhor compreensão da realidade*, seria bloqueada *a priori*.[7]

---

[7] Essa crítica é muito bem elaborada em LAFONT, 1999, capítulo 5, e também poderia ser levantada contra algumas vertentes do chamado pensamento pós-moderno, que se fundamentam no lema nietzschiano de que "só existem interpretações".

Segundo Habermas, no entanto, Humboldt escapa dessa armadilha exatamente porque ele não examina a função cognitiva da linguagem somente do ponto de vista semântico; a análise pragmática é utilizada, também, para analisar essa função de linguagem. Habermas chama isso de uma "pragmática formal de diálogo, de um diálogo em que há um intercâmbio verdadeiro de idéias e sentimentos". É o papel da pragmática descobrir os aspectos universais do processo de comunicação" (HABERMAS, 1999/2003, p. 56). Segundo Habermas, uma análise formal da pragmática da linguagem pode mostrar a relação entre a função comunicativa da linguagem e sua função cognitiva. Ou seja, é no discurso que uma visão de mundo está colocada em oposição a outras visões de uma maneira que pode estender os horizontes de significado de cada participante. No entanto, isso é possível somente "se a forma de diálogo e os pressupostos pragmáticos de discurso puderem incluir um potencial crítico capaz de afetar e mexer no horizonte de um mundo desvendado lingüisticamente" (*ibidem*, p. 58). Habermas fundamenta esse potencial crítico em pressupostos que não podem ser identificados em nenhum mundo da vida (*Lebenswelt*) específico; contrários a isso, são *pressupostos pragmáticos universais* de qualquer uso de linguagem em comunicação. Somente uma estrutura interna de fala, que é universal, seria capaz de fornecer um fundamento normativo que não se reduzisse a uma tradição cultural qualquer. Ao mesmo tempo, como vimos, Habermas não nega que a linguagem abre um espaço preestruturado gramaticalmente; para utilizar uma metáfora de Wittgenstein:

> As visões de mundo reguladas gramaticalmente e as formas de vida aparecem somente no plural; contudo [...] correspondem uma a outra nas suas estruturas mais formais e gerais [...] Porque todas as visões de mundo têm que se reproduzir no médium de ação orientada ao entendimento mútuo, o caráter geral da racionalidade comunicativa se afirma na multiplicidade de formas de vida concretas. (HABERMAS, 1998b, p. 190)

No seu debate com Charles Taylor, por exemplo, Habermas diz que "os modos de ação constituídos por uma visão de mundo linguístico operam à luz de uma racionalidade comunicativa que impõe aos participantes uma orientação a pretensões de validade e, dessa maneira, desperta processos de aprendizagem com efeitos reativos possíveis na compreensão antecedente do mundo. Taylor está errado em deixar essa capacidade da linguagem de resolver problemas desaparecer atrás da sua capacidade de desvendar o mundo [*welterschließend*]"[8]. Essa capacidade de aprendizagem tem um lugar central na teoria do agir comunicativo, porque o conceito de razão comunicativa, como afirma Cooke (1994, p. 162),

> tem um conteúdo utópico na medida em que aponta para uma visão de um mundo da vida racionalizado, onde tradições culturais seriam reproduzidas por meio de processos de avaliação intersubjetiva de pretensões de validade, onde ordens legítimas seriam dependentes das práticas argumentativas abertas e críticas para estabelecer e justificar normas, e onde identidades individuais seriam auto-reguladas por meio de processos de reflexão crítica.

A pragmática formal

Nessa sessão, gostaria de explicar, da maneira mais clara possível, a teoria de linguagem de Habermas, mostrando como ele reconstrói a capacidade dos sujeitos de chegar a um entendimento utilizando-se o agir comunicativo, por meio de uma análise das condições pragmáticas dessa possibilidade. Obviamente, Habermas não está dizendo que todo ato de comunicação resulta em um entendimento mútuo; atos de fala comunicativos podem falhar por várias razões. Além disso, existem atos de comunicação que não são comunicativos, no sentido habermasiano, mas estratégicos, como veremos a seguir. No entanto, Habermas insiste que em cada ato de fala orientado ao entendimento essas condições são operativas, ou seja, são presentes como uma força material no ato de comunicação.

Habermas começa sua teoria da pragmática formal pela apropriação crítica de teorias desenvolvidas na filosofia analítica

---

[8] Para o debate entre Taylor e Habermas, ver TAYLOR, 1991 e HABERMAS, 1986/1991.

da linguagem, especificamente da tradição da semântica formal, de Frege a Dummett, bem como da teoria dos atos de fala, desenvolvida por Austin e Searle. Para Habermas, "o poder de reflexão que se desdobra na compreensão" necessita de uma análise formal da linguagem, algo desenvolvido nessas teorias, mas que precisa de modificações. O principal objetivo da pragmática formal é o de "reconstruir a competência (*ability*) de falantes adultos de embutir sentenças em relações de realidade de tal maneira que podem assumir as funções pragmáticas gerais de representação e de expressão, e estabelecer relações interpessoais legítimas" (HABERMAS, 1976-1996/1998, p. 54), ou seja, reconstruir a competência comunicativa de sujeitos capazes de linguagem e ação.

Mas por que Habermas acha que somente uma análise formal da linguagem revelaria esse poder de reflexão? Basicamente, suas razões poderiam ser resumidas da seguinte maneira: como vimos, Habermas acha que a concepção de linguagem inerente à hermenêutica filosófica não abre a possibilidade de desencadear processos de aprendizagem, compreendidos como sendo a capacidade de criticar entendimentos prévios e, portanto, diferenciar entre o que é verdadeiro e o que é falso, o que é correto e o que é incorreto, etc. Se a condição da possibilidade de compreensão é reduzida aos significados e normas já compartilhados por uma comunidade linguística qualquer, a possibilidade de corrigir esses significados e normas por um *processo racional* fica bloqueada. E se processos racionais de revisão e correção de significados e normas devem ser mediados pela linguagem, deveria ser possível, então, encontrar, na "estrutura interna de fala" as condições da possibilidade desse processo racional. Dado que tais condições da possibilidade não podem ser fornecidas pela apropriação da tradição – senão a possibilidade de ir além daquela tradição fracassaria – só nos resta as condições da possibilidade que são formais e universais, e não são, portanto, parte específica de nenhuma tradição linguística concreta. Habermas, na sua crítica a Gadamer, reclama que o último, em dar "prioridade ontológica" à "tradição linguística", a coloca "acima de qualquer possibilidade de crítica" (HABERMAS, 1970/1980, p. 204). Em outras palavras, Habermas rejeita a ideia, central à hermenêutica filosófica, de que "podemos criticar tradições específicas somente com base no fato de que somos parte de um contexto compreensivo da tradição de linguagem" (*ibidem*). É absolutamente essencial, então, ser capaz de transcender tais tradições de linguagem para criticá-las.

Uma das primeiras tarefas da pragmática formal foi a de se engajar criticamente com a semântica formal, uma teoria que Habermas, apesar de criticar, achou promissora para seus fins, exatamente porque oferece uma análise dos aspectos universais da linguagem. Com sua semântica de referência, Carnap havia aberto a possibilidade de uma análise formal da função cognitiva da linguagem, de representar estados de coisas, dos pontos de vista sintático e semântico. Ele, no entanto, não considerou as outras funções de linguagem, formuladas por Karl Bühler, a saber: a função expressiva de articular as experiências do falante e a função apelativa de direcionar pedidos a ouvintes. Carnap relegou essas funções a aspectos pragmáticos da linguagem, que não podem ser analisados formalmente, ou seja, não são determinados por um *sistema geral de regras* de uma maneira suscetível a uma análise conceitual; somente poderiam ser analisados empiricamente, não ultrapassando o contexto específico de uso (HABERMAS, 1981/1984, p. 276). Além disso, a semântica de referência tem como objeto da investigação o significado de palavras que nomeiam ou designam coisas no mundo natural. Segundo essa análise, o significado de uma frase pode ser analisado como algo objetivo e accessível publicamente, por intermédio da relação central entre a linguagem e o mundo, mas compreendido no modelo de nomes que designam objetos.

No entanto, a semântica da verdade (*truth semantics*), desenvolvida de Frege a Dummett, é o melhor ponto de partida, segundo Habermas, por analisar a sentença como sendo a unidade de significado e, além disso, argumenta que "o significado das sentenças [...] não pode ser separado da relação que linguagem tem com validade de afirmações. Falantes e ouvintes compreendem o significado de uma sentença quando sabem sob quais condições ela é verdadeira" (*ibidem*, p. 276). Pensamento é o significado de uma frase; é seu conteúdo proposicional, que é separado tanto de estados subjetivos de indivíduos quanto dos objetos e estados de coisas no mundo aos quais o pensamento se refere. Do ponto de vista de Frege, linguagem é, em primeira instância, um instrumento para expressar verdades, um instrumento para a ciência (HARRISON, 1979, p. 63). Por essa razão, a semântica de Frege dá prioridade à função representativa da linguagem, bem como à análise de frases assertóricas.

A semântica formal, então, desenvolve uma teoria de significado que vincula o significado de uma frase com suas condições de verdade. Ou seja, entendemos o significado de uma proposição se sabemos que condições devem existir no mundo para que essa proposição seja verdadeira. Habermas argumenta, no entanto, que essa análise trabalha com três abstrações que precisam ser superadas, a saber: 1) a abstração semântica – que diz que o significado pode ser abstraído das regras pragmáticas para o uso de enunciados; 2) a abstração cognitivista – que diz que todo significado pode ser reduzido a conteúdos proposicionais e frases assertóricas; 3) e a abstração objetivista – que diz que as condições de verdade explicam o que faz com que uma proposição seja verdadeira, e tais condições podem ser compreendidas do ponto de vista de uma terceira pessoa, ou seja, não contemplam o conhecimento das condições de verdade atribuível a um falante e ouvinte do ponto de vista performativo.

Habermas descobre, no trabalho de Michael Dummett, uma crítica interna a essa análise, que aponta na direção de uma análise formal da pragmática da linguagem. O argumento de Dummett pode ser resumido da seguinte forma: a explicação da compreensão do significado de uma proposição, em termos de suas condições de verdade, está baseada em um pressuposto problemático de que, para cada frase assertórica, existem procedimentos que podem decidir se as condições de verdade são preenchidas ou não, pressuposto esse que se fundamenta em uma teoria empirista do conhecimento. O fato de não termos tal procedimento, a não ser para frases bem simples, – as condições de verdade das quais pode-se decidir por procedimentos simples de observação – forçou Dummett a fazer uma distinção entre conhecer as condições que fazem com que uma proposição seja verdadeira e conhecer as *razões* (grounds) *que permitem a um falante afirmar a proposição como verdadeira*. Ou seja, não é possível afirmar as condições de verdade de uma proposição de maneira que não faça referência a falantes específicos e contextos específicos de uso. Portanto, Dummett sugere outra análise do significado, o que, nas palavras de um comentarista, "envolve reinterpretar a frase 'as condições de verdade de *p*' de uma maneira pela qual ela não queira dizer 'quais condições devem obter no mundo se, e somente se, *p é verdadeira*', mas 'quais condições devem ser preenchidas se, e somente se, somos *justificados em afirmar p*'" (HARRISON, 1979, p. 67). Nas palavras de Habermas:

> Conhecimento de condições de verdade é baseado nas *razões* que explicam por que essas condições obtêm, se é que elas obtêm. É por causa da relação interna entre as condições de verdade de uma proposição e o *tipo de razões que podem justificar uma pretensão de verdade* correspondente, que a prática de justificação, ou seja, o jogo de argumentação adquire um significado particular também para Dummett. (HABERMAS, 1999/2003, p. 71, grifos meus)

O conceito de verdade é, então, substituído pelo conceito de *warranted assertability*, ou justificação, em uma teoria de significado que ainda pertence à tradição da semântica formal.[9]

Para desenvolver seu argumento em direção a uma pragmática da comunicação, Habermas se apropriou da teoria dos atos de fala de Austin e Searle, porque ela "oferece um arcabouço apropriado para situar o *insight* fundamental da teoria do significado de Dummett dentro de uma teoria do agir comunicativo". Entender uma proposição, então, é ser "capaz de reconhecer as razões [*grounds*] por meio das quais suas condições de verdade são preenchidas e *poderiam ser resgatadas* [*redeemed*]" (HABERMAS, 1976-1996/1998, p. 153). Mais que isso, tais razões somente podem ser produzidas dialogicamente, ou seja, baseadas no procedimento de argumentação racional.

É na teoria dos atos de fala que Habermas também encontra uma tentativa de analisar formalmente as regras pragmáticas

---

[9] Vamos ver, no capítulo III, que Habermas modifica essa análise, nos seus escritos mais recentes, substituindo o conceito discursivo de verdade com um conceito pragmático de verdade.

gerais do uso de linguagem. Resumindo, o que Habermas encontrou, na teoria de Austin, e mais especificamente na de Searle[10], foi uma tentativa de mostrar que *os aspectos pragmáticos da linguagem são acessíveis a uma análise formal de sua estrutura interna*. Habermas se apropria, nessa teoria, da ideia de que enunciados (atos de fala), e não sentenças, são os elementos primários de análise. Ele se apropria da ideia da dupla estrutura de fala, que é a análise de um ato de fala em relação a dois elementos – seu conteúdo proposicional e sua força ilocucionária – representada na fórmula M(p). Resumidamente, isso quer dizer que, com atos de fala, não somente dizemos algo sobre o mundo dos fatos e estados de coisas, mas também empregamos a linguagem para outros fins, por exemplo, para prometer, avisar, ameaçar, etc. É esse elemento de um ato de fala que está designada sua força ilocucionária.

Habermas amplia essa teoria dos atos de fala da seguinte maneira: validade não é vista como amarrada somente à função representacional da linguagem e ao conteúdo proposicional dos enunciados. Pretensões de validade e relações com o mundo são estabelecidas para três funções da linguagem: 1) para representar fatos e estados de coisas no mundo 'objetivo'; 2) para estabelecer e regular normas no mundo 'social'; 3) e para expressar a subjetividade do falante no mundo 'subjetivo'. O conceito de validade é generalizado para além da verdade de proposições, para uma ideia de condições de validade, que abrange também normas sociais e os estados subjetivos dos interlocutores em comunicação. Significado e compreensão de significado agora são relacionados às condições de *validade*: o significado de um enunciado é determinado pelas condições de validade e não pelas condições de verdade, como definido na semântica formal. A função representacional, bem como o modo assertórico de uso de linguagem, não são privilegiados, e os pressupostos ontológicos são ampliados para, além do mundo de objetos e estados de coisas, incluir os "mundos" social e subjetivo.

Além disso, as condições de validade são conectadas a uma concepção intersubjetiva de justificação por meio de argu-

---

[10] Ver AUSTIN, 1962 e SEARLE, 1965, 1976, 1979 e 1980.

mentação. Uma consequência importante dessa análise é a de que as condições de validade de um enunciado e, portanto, a possibilidade de entender um ato de fala, não podem ser inferidas somente com base no conteúdo semântico ou na organização sintática de uma expressão linguística. Em vez disso,

> são mediadas pela pretensão epistêmica levantada pelo falante para a validade de seu enunciado na *performance* do seu ato ilocucionário. Essa *pretensão de validade se fundamenta em um reservatório de razões potenciais* com as quais ela pode, se for necessário, ser resgatada [*redeemed*] e, por isso, são elas mesmas parte das condições que fazem com que uma pretensão de validade possa merecer reconhecimento intersubjetivo e seu enunciado correspondente seja aceitável. (HABERMAS, 1986/1998, p. 198, grifo meu)

Assim, há, para Habermas, uma conexão *interna* entre a compreensão de um enunciado e suas condições de validade. Habermas (1986/1998, p. 198) diz que "a compreensão das expressões lingüísticas requer uma orientação sobre as pretensões de validade; [...] uma força motivadora racional é inerente aos processos lingüísticos de alcançar o entendimento como tal". Em outras palavras, há uma relação interna entre a compreensão linguística (*Sprachverstehen*) e um entendimento alcançado comunicativamente (*Verständigung*).[11] A tese de Habermas é a de que para entender um enunciado temos que saber como o usaríamos com o objetivo de alcançar um entendimento sobre algo. Em qualquer ato de fala, o falante tem o propósito ime-

---

[11] É necessário esclarecer os termos utilizados por Habermas. Em alemão, *Verstehen* quer dizer *compreender*, no sentido de entender uma expressão linguística. *Verständnis* quer dizer *mais do que mera compreensão linguística*. O significado dessa palavra inclui, também, a ideia que duas ou mais pessoas veem o mundo (ou algum aspecto dele) de uma maneira parecida. A palavra *Verständigung* quer dizer *chegar a um entendimento*, uma ideia mais forte ainda. Além disso, Habermas também utiliza a palavra *Einverständnis*, que quer dizer *chegar a um acordo sobre algo*. Cooke (1994) observa que Habermas não é sempre consistente no seu uso desses termos. No entanto, outros, como Siebeneichler, observam que Habermas é muito sutil e consistente no seu uso de termos. Seja como for, as diferenças entre os significados desses termos pode trazer problemas na compreensão das teses centrais da pragmática formal de Habermas. Além disso, todas podem ser traduzidas para o português como *entender* ou *compreender*.

diato de que o ouvinte compreenda seu enunciado – e o sucesso ilocucionário[12] do ato de fala, aqui, é medido pela compreensão linguística. No entanto, no entender de Habermas, não é possível separar a compreensão de uma expressão linguística da orientação ao entendimento. Como ele próprio menciona: "Alguém teria falhado completamente em compreender o que é entender o significado de um anunciado se não soubesse que ele serve ao propósito de alcançar um entendimento sobre algo" (HABERMAS, 1986/1998, p. 199).

Segundo essa análise, entendemos um enunciado quando sabemos as condições sob as quais um ouvinte o aceitaria: "compreendemos um ato de fala quando sabemos o que faz com que ele seja aceitável" (*ibidem*). No entender de Habermas, isso quer dizer que um ato de fala é bem sucedido na medida em que satisfaz as condições necessárias para o ouvinte assumir uma postura de "sim" ou "não" com relação à pretensão de validade levantada pelo falante. Mas, por que fazer essa conexão entre compreensão e validade? Por que dizer que "a dimensão da validade é inerente à linguagem?"

Para Habermas, a noção de sucesso ilocucionário vai além da compreensão da expressão linguística para incluir o propósito de que o ouvinte aceita o enunciado como válido e assume obrigações relevantes para a sequência de interações. Sucesso ilocucionário, nesse sentido, consiste em um entendimento que tem um efeito coordenador: atos de fala têm o poder de coordenar a ação porque podem motivar, *racionalmente*, o ouvinte a entrar em uma relação com o falante; em uma ligação (*Bindung*). Quando um falante profere um ato de fala, ele levanta uma pretensão de validade que, se aceita pelo ouvinte, fundamenta um entendimento entre os dois. Esse entendimento é sobre:

- o conteúdo do enunciado;
- as garantias imanentes ao ato de fala;
- as obrigações relevantes para as interações subsequentes.

---

[12] "Sucesso ilocucionário" é um termo introduzido por Searle, na teoria dos atos de fala, para indicar que um ato de fala foi bem sucedido. No caso dos atos de fala constativas, é bem sucedido quando o ouvinte entende o que está afirmado no enunciado.

Quando o ouvinte reconhece a pretensão de validade levantada por um ato de fala, aceita a oferta feita por esse ato de fala e estabelece uma relação interpessoal eficaz para a *coordenação de ação*; o leque de ações possíveis como sequências de interação é ordenado.

Como vimos, a relação entre significado e validade é vinculada à *motivação racional* que o ouvinte tem para assumir uma resposta "sim" ao conteúdo do ato de fala, motivação essa que se fundamenta nas *razões* que o falante poder fornecer para garantir (*warrant*) a validade do que está dito. Habermas diz:

> Um ouvinte compreende o significado de um enunciado quando, além das condições de gramaticalidade (*well-formedness*) e condições contextuais gerais, ele conhece as *condições essenciais* sob as quais ele poderia ser motivado, pelo falante, a assumir uma postura afirmativa. Essas *condições de aceitabilidade no sentido estrito* se relacionam ao significado ilocucionário que S expressa por meio da cláusula porformativa. (HABERMAS, 1981/1984, p. 298)

Habermas oferece uma tipologia dos atos de fala e suas pretensões de validade em três categorias:

a) atos de fala constativos (a pretensão de verdade proposicional);

b) atos de fala regulativos (a pretensão de correção de normas sociais);

c) atos de fala expressivos (a pretensão de sinceridade).

Um exemplo ajudará a esclarecer essa teoria.[13] Vamos começar com um simples imperativo, orientado aos interesses privados de um falante, S, que profere o seguinte ato de fala, direcionado ao ouvinte, H: "pare de fumar!". Isso é, obviamente, um imperativo, cuja força ilocucionária é de um pedido, que pode ser formulado na frase performativa:

1. Peço que você pare de fumar [*I am (hereby) requesting that you stop smoking*].

O significado ilocucionário (o significado do enunciado em um determinado contexto de uso – e não o significado linguístico

---

[13] Esse exemplo é analisado em detalhes por HABERMAS (1981/1984, 298f).

da sentença, extraída do seu contexto de uso) pode ser descrito da seguinte maneira:

1a. S disse a H que ele deveria tomar cuidado em realizar *p* (*parar de fumar*).

1b. S indicou a H que ele deveria traduzir *p* em realidade.

1c. O pedido enunciado por S deve ser compreendido no sentido de que H deveria realizar *p*.

O ouvinte, H, aceita o pedido pela sua resposta afirmativa:

1'. Sim, farei o que está pedindo [*Yes, I will do as you request*] (ou simplesmente apagando seu cigarro).

Sobre esse exemplo, Habermas diz que as condições de aceitabilidade, ou do sucesso, do ato de fala são as seguintes.

a) O ouvinte deve compreender o significado ilocucionário do pedido de uma maneira que permita, se for necessário, parafraseá-lo com as frases (1a), (1b) ou (1c) e poderia interpretar o conteúdo proposicional "parar de fumar" como um pedido direcionado a ele. Essas *condições de satisfação*, ou seja, as condições sob as quais um imperativo poderia contar como sendo bem sucedido se for compreendido, são interpretadas em termos das obrigações relevantes à sequência de ação – nesse caso, parar de fumar.

Imperativos, utilizados como pedidos, ou seja, em casos do agir comunicativo, são sempre autorizados por um pano de fundo normativo, por mais fraco que seja. Até um imperativo proferido por um mendigo na rua é autorizado pela norma de que se deve ajudar pessoas em situações extremas de necessidade (HABERMAS, 1986/1998, p. 200). Em outras palavras, as razões para aceitar o ato de fala estão contidas no significado ilocucionário do ato, ou seja, são *internas* a ele.

Existe também, obviamente, o uso de imperativos não autorizados normativamente, como por exemplo, quando um assaltante diz "me dá seu relógio!". Nesse caso – um caso limite, segundo Habermas – há outras condições de aceitabilidade, a saber:

b) Além dessas condições de satisfação, o ouvinte também tem que ser consciente *"das condições do acordo que fundamenta a aderência às obrigações* relevantes à seqüência de interação" (HABERMAS, 1981/1984, p. 300). Em outras palavras, o ouvinte compreende plenamente o significado ilocucionário do imperativo quando sabe *por que* o falante espera impor sua vontade, ou seja, sabe que a pretensão de poder que o falante tem em relação ao ouvinte é fundamentada em *sanções que S pode mobilizar contra H*. Nesse caso, as condições de satisfação devem ser acrescentadas de *condições de sanção* para completar as condições de aceitabilidade.

Nesse caso, as razões para aceitar o ato de fala não estão contidas no significado ilocucionário do ato de fala em si, mas em um potencial para sanções que são vinculadas externamente ao ato de fala.

Outro exemplo de um imperativo que pressupõe normas reconhecidas no contexto de seu uso, seria (1) quando enunciado por um comissário de bordo, em um avião, a saber:

2. Estou dando a você uma ordem de parar de fumar [*I am (hereby) ordering you to stop smoking*].

Aqui, as razões que fundamentam a validade desse ato de fala não são contingentes ou externas ao ato de fala, mas decorrem do próprio significado do ato ilocucionário, em si. Nesse caso, o falante não está se referindo a possíveis sanções que ele pode mobilizar contra H, mas a uma *pretensão de validade*, nesse caso, a validade das normas que regulam viagens aéreas.

> Registrar uma pretensão de validade não é uma expressão de uma vontade contingente; e responder afirmativamente a uma pretensão de validade não é meramente uma decisão motivada empiricamente. Ambos os atos, proferindo e reconhecendo uma pretensão de validade, são sujeitos a restrições convencionais, porque tal pretensão somente pode ser rejeitada pela crítica e somente pode ser defendida contra a crítica pela refutação. Alguém que se opõe aos direcionamentos está referindo-se aos regulamentos existentes e não aos meros fatos de penalidades, que podem ser esperadas se não forem obedecidos os regulamentos. E alguém que duvida da validade das normas subjacentes deve oferecer *razões* contra a legalidade dos

regulamentos – ou seja, contra a legalidade de sua força social – ou contra a legitimidade dos regulamentos – contra sua pretensão de serem corretos ou justificados no sentido moral-prático. Assim, as condições para a aceitabilidade dos direcionamentos se encontram no significado ilocucionário do ato de fala, em si; não precisam ser complementados por condições adicionais em forma de sanções (HABERMAS, 1981/1984, p. 301-302).

Nesse caso, assim como no primeiro, o ouvinte H compreende o ato de fala do falante S, se e somente se:

a) conhece suas condições de satisfação;

b) conhece as condições sob as quais S pode ter razões convincentes de achar que o imperativo tenha conteúdo (a) como justificado normativamente.

Assim, o significado ilocucionário de atos de fala que levantam pretensões de validade – e não pretensões de poder – *está vinculado, necessariamente, com sua validade*, no sentido de razões que poderiam ser oferecidas para justificar a pretensão de validade.

É importante, no entanto, salientar os dois sentidos de sucesso ilocucionário: (a) que o ouvinte compreende o enunciado, no sentido de entender (*Verstehen*) o que está dito; (b) que o ouvinte aceita o enunciado, no sentido de assumir as obrigações relevantes à sequência da interação (HABERMAS, 1986/1998, p. 201). Atos de fala somente poderiam coordenar ações entre participantes em interação se fossem bem sucedidos nesse segundo sentido. Por esse motivo, Habermas diz que o objetivo ilocucionário do falante não é somente entendimento no sentido estrito (*Verstehen*), mas entendimento mútuo (*Verständigung*). Consequentemente, um ato de fala só pode ser considerado bem sucedido, no sentido pleno, quando o ouvinte o aceita como válido.

É importante também notar que há uma assimetria, com relação à sequência da interação, entre atos de fala regulativos e atos de fala constativos e expressivos. As condições de sucesso para constativos e expressivos não se referem a obrigações de *agir* de uma certa maneira como resultante do reconhecimento intersubjetivo da pretensão de validade levantada no ato de fala. No caso de regulativos, por outro lado, as condições de sucesso "simultaneamente delineiam (*circumscribe*) as obrigações relevantes para a seqüência de interação, que é uma conseqüência da aceitação da pretensão de validade por parte do ouvinte" (HABERMAS, 1976-1996/1998, p. 137). Portanto, aceitar tais atos de fala envolve uma obrigação de agir de uma determinada maneira ou de oferecer razões para duvidar da pretensão de validade levantada no ato de fala. Ou seja, o caráter de ligação (*Bindung*) de um ato de fala bem sucedido é recíproco na medida em que o falante é obrigado a assumir a garantia (*warranty*) para a pretensão de validade levantada na sua enunciação, enquanto o ouvinte é obrigado, se duvidar da validade dessa pretensão, a oferecer razões contrárias. Nas palavras de Habermas (1981/1984, p. 302),

> o falante deve a força da ligação (*Bindungswirkung*) de seu sucesso ilocucionário não à validade do que é dito, mas ao efeito coordenador da garantia que oferece – uma garantia de resgatar [*redeem*], se for necessário, a pretensão de validade levantada no seu ato de fala.

Uma implicação importante dessa análise é a de que participantes em interação reconhecem, um ao outro, como sujeitos autônomos, que respondem por suas ações (*as accountable subjects*). A responsabilidade[14] (*Zurechnungsfähigkeit*) do sujeito reside no fato de que "cada consenso discursivamente alcançado se fundamenta no poder de negação de sujeitos independentes que, quando entram em uma relação interpessoal, reconhecem um ao outro como sujeitos que respondem por suas ações". (HABERMAS, 1986/1998, p. 186)

A mesma análise que foi feita sobre os regulativos se aplica aos atos de fala constativos, ou seja, àqueles que levantam uma pretensão de validade sobre seu conteúdo proposicional. Por exemplo, se um falante faz a previsão:

3. Prevejo que as férias serão estragadas pela chuva [*I can predict (to you) that the vacation will be spoiled by rain*].

---

[14] A palavra *Zurechnungsfähigkeit*, em alemão, é mais perto de *accountability*, em inglês, do que de responsabilidade, em português.

ele assume a garantia (*warranty*) de oferecer razões convincentes para resgatar a pretensão de verdade dessa afirmação. Paralelamente, um ouvinte entende o significado ilocucionário desse ato de fala se sabe as condições sob as quais a previsão seria verdadeira.[15]

Por último, no proferimento de atos de fala expressivos, por exemplo,

4. Confesso que acho seu comportamento lamentável [*I confess to you that I find your actions loathsome*].

o falante assume a garantia de oferecer razões para ter esse sentimento nessa situação, e o ouvinte compreende o significado dessa enunciação se ele sabe as razões que podem levar alguém a ter esse sentimento com relação ao comportamento em discussão.

Resumidamente, as ideias centrais da análise de Habermas são as seguintes: quando alguém age comunicativamente, proferindo atos de fala, necessariamente levanta pretensões de validade e pressupõe que elas podem ser regatadas (*redeemed*). No agir comunicativo, o falante deve levantar as seguintes pretensões de validade: de verdade (do conteúdo proposicional contido no ato de fala); de sinceridade (em que o objetivo ilocucionário do ato de fala expressa os sentimentos verdadeiros do falante e não está escondendo uma intenção orientada aos seus interesses em vez de ao entendimento); e de correção normativa (no sentido de que o ato de fala está em conformidade com as normas sociais reconhecidas e, em um outro nível, de que essas normas são legítimas). O fato de que essas são *pretensões* de validade quer dizer que é possível que elas *não sejam satisfeitas*, ou seja, é possível que o falante não esteja dizendo algo verdadeiro, que não esteja sendo sincero ou que não esteja conformando-se com as normas sociais reconhecidas na comunidade linguística.

Além disso, todo ato de fala pode ser contestado sob mais de um aspecto, porque pretensões de validade nos três aspectos são levantadas em cada um deles. Isso quer dizer, por exemplo,

---

[15] No entanto, veremos no capítulo III, que Habermas recentemente modificou essa análise da função cognitiva da linguagem.

que quando uma pessoa profere um constativo – que levanta a pretensão de verdade do conteúdo proposicional – também levanta a pretensão de correção e da sinceridade. Por exemplo[16], se um professor diz a um aluno:

5. Por favor, me traz um copo de água [*Please bring me a cup of water*].

o aluno pode rejeitar esse pedido sob os três aspectos de validade, ou uma combinação dos três. Ele pode contestar os pressupostos existenciais por trás do enunciado – de que existe uma fonte de água suficientemente perto para ser possível pegá-la antes do final da aula. Mas também pode contestar a correção normativa do enunciado – o direito do professor de tratá-lo como um empregado. Por fim, pode contestar a sinceridade do enunciado, porque desconfia que o objetivo do professor não seja matar a sede, mas embaraçá-lo diante de seus colegas.

É importante fazer uma distinção entre os atos comunicativos e o agir comunicativo. Os atos de fala podem coordenar ações estratégicas tanto quanto o agir comunicativo. O primeiro é determinado por posições de interesse dos indivíduos envolvidos; o segundo, por entendimento normativo. Como vimos no primeiro capítulo, tanto os atos estratégicos quanto o agir comunicativo são sociais, mas um é orientado ao sucesso enquanto o outro é orientado ao entendimento. Habermas define o agir comunicativo da seguinte maneira:

> Falarei do agir comunicativo quando as ações dos agentes envolvidos são coordenadas não por meio de cálculos egocêntricos de sucesso, mas por meio de atos para se alcançar entendimento. No agir comunicativo, participantes [...] prosseguem seus fins individuais sob a condição de que podem harmonizar seus planos de ação com base em definições em comum (*common situation definitions*). Assim, a negociação da definição da situação é um elemento essencial aos *accomplishments* interpretativos para o agir comunicativo. (HABERMAS, 1981/1984, p. 286)

---

[16] Esse exemplo é discutido por HABERMAS.

No agir comunicativo normal, a validade das pretensões não está colocada em dúvida. No entanto, em qualquer ato de fala, o ouvinte pode questionar a validade das pretensões levantadas. Quando isso acontece, os interlocutores podem agir estrategicamente ou entrar em uma outra modalidade do agir comunicativo: Discurso, "a forma reflexiva do agir comunicativo". Se optarem pelo Discurso, eles tematizam a pretensão de validade problematizada e entram em um processo argumentativo no qual a "força do melhor argumento" deveria prevalecer, levando-os a um acordo (*Einverständnis*) sobre a pretensão em questão. Mesmo que um ouvinte reconheça uma pretensão de validade e não a problematize, esse reconhecimento não é irracional, segundo Habermas, porque "pretensões de validade têm um caráter cognitivo e podem ser verificadas" (HABERMAS, 1976/1979a, p. 63).

No entanto, o potencial para a *crítica* inerente à ação orientada ao entendimento não reside na aceitação do ato de fala, mas em sua rejeição, porque, como acabamos de ver, é sempre possível que o ouvinte não aceite a pretensão de validade levantada em um ato de fala. É importante salientar que, para Habermas, é nessa possibilidade de crítica que reside nossa autonomia de agentes responsáveis. Em outras palavras, se não rejeitamos a pretensão de validade contida num ato de fala, temos que aceitar nossa parte da responsabilidade pelas consequências que decorrem disso, porque essa aceitação foi motivada racionalmente e não imposta por sanções.

Alcançando entendimento mútuo e a coordenação da ação

O problema de coordenar ações aparece para os participantes em interação e deve-se responder à pergunta: Como os planos de *Alter* podem conectar-se com os planos e ações de *Ego*? Os tipos de interação podem ser distinguidos segundo os mecanismos para essa conexão, especificamente coordenação via alcance de entendimento e coordenação via exercício de influência. Do ponto de vista do participante, esses mecanismos, e seus tipos de ação correspondentes, se excluem mutuamente.

Ou seja, não é possível, como ator, agir comunicativamente e estrategicamente ao mesmo tempo.

A possibilidade de entendimento, como vimos, depende do conhecimento das condições de satisfação de cada ato de fala. É por meio desse entendimento que a linguagem pode operar como um mecanismo de coordenação social.

> Uma teoria de comunicação trabalhada nessa linha, em termos pragmático-formais, pode tornar-se frutífera para uma teoria sociológica de ação se puder ser mostrado o fato de que os atos comunicativos – atos de fala ou expressões não-verbais equivalentes – podem assumir a função de coordenar ações e fazer sua contribuição à construção de interações. (HABERMAS, 1981/1984, p. 278)

Os atos de fala orientados ao entendimento são considerados, por Habermas, como sendo o modelo para toda ação.

> O uso da linguagem orientada ao entendimento (*reaching understanding*) é o *modo original* de seu uso, sob o qual a compreensão indireta, dando a entender algo ou deixando algo a ser entendido, e o uso instrumental da linguagem em geral, são parasíticos. (HABERMAS, 1981/1984, p. 288)

Para Habermas, a intenção *comunicativa* do falante, no agir comunicativo, não vai além de querer que o ouvinte compreenda o *conteúdo manifestado no ato de fala*. Em outras palavras, com o agir comunicativo, o falante deixa claro que o objetivo ilocucionário (*illocutionary aim*) do enunciado não vai além do significado do que é falado. Com ações teleológicas, por outro lado, o objetivo ilocucionário vai além do significado contido no ato de fala e somente pode ser identificado por meio dos interesses do agente. Mesmo assim, esse *objetivo não ilocucionário* de influenciar o ouvinte somente pode ser bem sucedido quando o ouvinte compreende o ato de fala.

> Se o ouvinte não compreendeu o que o falante diz, um falante agindo estrategicamente não seria capaz de influenciar o ouvinte, por atos comunicativos, a agir da maneira desejada. Assim, o que foi originalmente designado como sendo "o uso de linguagem com uma orientação às conseqüências" não é um uso original de linguagem, mas uma subsunção de atos de fala que servem a objetivos ilocucionários sob condições de ação orientada ao sucesso. (HABERMAS, 1981/1984, p. 293)

Essa noção é importante porque permite a Habermas, clarificar o processo do alcance do entendimento somente em conexão com atos ilocucionários, sem recorrer às intenções não ilocucionárias do falante ou a qualquer propósito do agente de intervir no mundo. Além disso, permite a Habermas definir o agir comunicativo como:

> o tipo de interação na qual *todos* os participantes harmonizam seus planos individuais de ação um com o outro e, portanto, prosseguem seus objetivos ilocucionários *sem reserva* [...] O agir comunicativo são aquelas interações mediadas lingüisticamente nas quais todos os participantes prosseguem objetivos ilocucionários, e *somente* objetivos ilocucionários, com seus atos mediadores de comunicação. (HABERMAS, 1981/1984, p. 294-295)

Assim, Habermas faz um vinculo entre o agir comunicativo e um uso originário da linguagem nos atos de fala, em que agentes interagem com o objetivo de alcançar um entendimento.

Com base nessa análise, Habermas constrói uma categorização dos tipos de interações mediadas linguisticamente, reproduzida na seguinte figura:

Figura 3: Tipos de interações mediadas linguisticamente

Tipos de Ação	Aspectos formais-pragmáticos				
	Atos de fala típicos	Funções da fala	Orientações da ação	Pretensões de validade	Relações ao mundo
Ação estratégica	Perlocuções Imperativos	Influenciar o outro	Orientada ao sucesso	Ser bem sucedida	Mundo objetivo
Conversação	Constativos	Representar estados de coisas	Orientada ao entendimento	Verdade	Mundo objetivo
Ação regulada por normas	Regulativos	Estabelecer relações interpessoais	Orientada ao entendimento	Correção	Mundo social
Ação dramaturgica	Expressivos	Apresentação do Eu	Orientada ao entendimento	Veracidade	Mundo subjetivo

Fonte: HABERMAS, 1981/1984, p. 329.

Nessa figura, é possível ver as relações entre os tipos de ação, descritos no capítulo anterior, e os aspectos pragmático-formais da linguagem, analisados na teoria da pragmática formal. Assim, fica evidente como os tipos de ação social são mediados pela linguagem, que estabelece uma relação reflexiva entre o agente e o mundo, bem como coordena as ações de mais de um agente.

Como vimos no primeiro capítulo, na ação estratégica, a racionalidade da ação é dependente dos interesses privados do indivíduo. Vimos como atos de fala têm o poder de coordenar ações em ação estratégica, mas nesse caso o poder é derivado das possíveis *sanções* que o falante pode empregar. No agir comunicativo, por outro lado, o poder é derivado da pretensão de validade levantada nos atos de fala – constativos, regulativos e expressivos – e, em última análise, das *razões* que podem ser oferecidas para resgatá-la ou rejeitá-la. Portanto, no agir comunicativo, a autoridade de coordenar ações é fundamentada por meio de um entendimento mútuo alcançado pelos interlocutores, que cria o *compromisso racional* de desenvolver uma sequência de interação. Como Habermas diz:

> em todo caso em que o papel ilocucionário expressa não uma pretensão de poder, mas uma pretensão de validade, o lugar da força motivadora empírica de um reservatório de possíveis sanções (vinculadas contingentemente aos atos de fala) é substituído pela força motivadora racional do falante, que assume uma garantia (*warranty*) para suas pretensões de validade. (HABERMAS, 1976-1996/1998, p. 137)

Em suma, ambos os tipos de ação social são requeridos quando um agente interage no mundo. Habermas não está dizendo que agimos, ou deveríamos agir, sempre pelo agir comunicativo; no entanto, esse tipo de ação requer condições que não são preenchidas pela ação estratégica, a saber:

- Cooperação entre agentes, que devem tentar alcançar um entendimento com base em interpretações comuns (ou sobrepostas) da situação da ação.
- Se uma definição comum de uma situação não está disponível, os agentes devem preparar-se para alcançá-la, por meio de processos para se atingir um entendimento

e, depois, coordenar suas ações com base nesse resultado intermediário.

- Os agentes devem utilizar-se dos atos de fala que exijam uma orientação a pretensões de validade abertas a críticas e levantadas reciprocamente.
- Os agentes devem utilizar-se dos efeitos de ligação (*Bindungswirkung*) de seus atos de fala.
- O efeito de ligação de um ato de fala que é compreensível e aceito deve ter consequências em termos de compromissos relevantes à sequência de interações.

O poder de coordenar a ação é central à teoria de Habermas. A principal distinção, aqui, é entre uma cooperação racional entre participantes em interação e uma coordenação baseada em sanções ou poder. A teoria do agir comunicativo coloca "entendimento em linguagem como médium para a coordenação da ação" (HABERMAS, 1981/1984, p. 274). Por outro lado, a necessidade de coordenar a ação gera, na sociedade, uma demanda para a comunicação, que precisa ser atendida para que as ações sejam coordenadas de uma maneira eficaz para a satisfação de necessidades. Na medida em que a interação está mediada por atos para se alcançar um entendimento, o agir comunicativo oferece a possibilidade de coordenar as ações racionalmente e, portanto, contribuir para a construção de relações sociais determinadas por entendimento normativo e não mediadas por interesses diferenciados. A racionalidade comunicativa é necessária para a coordenação da ação para a satisfação dos interesses generalizáveis de todos que compõem uma comunidade. Assim, podemos dizer que é oferecida uma perspectiva em que é possível vislumbrar uma ação em comunidade (*Gemeinschaftshandeln*) em vez de uma mera ação em sociedade (*Gesellschaftshandeln*).

Em seus estudos mais recentes, Habermas esclarece essa questão enfatizando a distinção entre entendimento (*Verständigung*) e acordo (*Einverständnis*). O primeiro é o resultado de uma forma fraca do agir comunicativo, orientado ao entendimento, que assegura um mundo da vida compartilhada pelos participantes em comunicação. Para chegar a um entendimento não é necessário que os participantes concordem sobre a validade das pretensões de validade levantadas pelo ato de fala; é suficiente que reconheçam que o outro tem suas razões para ter uma crença ou para pretender fazer alguma coisa. No entanto, Habermas agora distingue essa forma fraca de uma forma forte do agir comunicativo, orientado a um *acordo* entre os interlocutores, que exige que o reconhecimento da pretensão de validade de um ato de fala seja fundamentado *nas mesmas razões* pelo falante e pelo ouvinte (HABERMAS, 1996/1998). Consequentemente, a forma forte do agir comunicativo é necessária para coordenar as ações entre os participantes em comunicação.

No próximo capítulo, veremos como Habermas utiliza esse aparato conceitual para analisar como as tradições culturais são reproduzidas por meio de processos de avaliação intersubjetiva de pretensões de validade, e também para analisar como ordens legítimas são dependentes das práticas argumentativas abertas e críticas para estabelecer e justificar normas, e como identidades individuais são auto-reguladas por meio de processos de reflexão crítica.

CAPÍTULO III

Sociedade, subjetividade e cognição

A racionalidade inerente à fala poderia tornar-se empiricamente eficaz na medida em que os atos comunicativos assumem a coordenação (*steering*) das interações sociais e assumem as funções de reprodução social e de manutenção de mundos da vida sociais. O potencial da racionalidade contida na ação orientada ao entendimento mútuo pode ser liberado e traduzido na racionalização de mundos da vida dos grupos sociais na medida em que a linguagem assume as funções de alcançar entendimento, coordenar ações, e socializar indivíduos; assim, torna-se o médium por intermédio do qual a reprodução cultural, a integração social e a socialização se realizam.[1]

No capítulo I, vimos que Habermas dá ênfase à racionalização do mundo da vida em um processo de evolução social que tem uma lógica de desenvolvimento separada da racionalização das estruturas social, política e econômica de poder, amplamente analisada por Weber na sua teoria da modernidade, mesmo que em processos históricos concretos não seja possível separá-las. Nesse capítulo, gostaria de explorar mais profundamente a análise que Habermas faz da filogênese e da ontogênese das estruturas normativas e das competências individuais necessárias para explicar tanto o processo de racionalização do mundo da vida como a individualização do indivíduo socializado. Por fim, abordarei muito brevemente algumas modificações recentemente feitas por Habermas, em sua epistemologia, no que se refere à função cognitiva de linguagem e dos processos de aprendizagem.

---

[1] HABERMAS, 1981/1987, p. 86.

Trabalho e interação

Em seu diálogo com o marxismo, Habermas rejeita o "paradigma de produção" (HABERMAS, 1985/1987, p. 81-88). Muitas conseqüências decorrem disso, entre as quais uma mudança de ênfase da categoria do trabalho pela categoria do agir comunicativo ou, melhor dizendo, pela pragmática da interação social. A tese habermasiana é a de que a categoria do trabalho social se esgotou em sua função como catalizadora de uma utopia emancipatória, na medida em que "[...] a idéia utópica de uma sociedade baseada no trabalho social já perdeu seu poder persuasivo" (HABERMAS, 1985/1989, p. 53). Essencialmente, a ideia básica é a de que o trabalho, em sua forma alienada, como "trabalho abstrato", não mais determina a constituição ou o desenvolvimento da sociedade como um todo. Segundo essa tese, conceber a emancipação social como uma forma de trabalho não alienado, bem como direcionar expectativas utópicas à esfera da produção, só faria sentido quando o trabalho abstrato penetrasse todas as esferas da vida humana. Habermas afirma que essa utopia perdeu "[...] seu ponto de referência na realidade: o poder do trabalho abstrato de criar estrutura e dar forma à sociedade" (*ibidem*).[2]

No entanto, Habermas segue Marx ao colocar a práxis como central na produção e na reprodução da vida humana. Não é meu objetivo entrar no debate controvertido sobre essa interpretação de Marx, mas simplesmente observar que na medida em que o conceito de trabalho social está reduzido, na interpretação de Habermas, à ação estratégica, é necessário que se crie um outro conceito para dar conta de um indivíduo social capaz de estabelecer relações não estratégicas com outros (e com a própria natureza também). Para Habermas, "o conceito marxista de tra-

---

[2] Para contra argumentos ver MÉZSÁROS, 1989, ANDERSON, 1992, ANTUNES, 1999, LEO MAAR, 1999 e HADDAD, 1999. Antunes é especificamente claro na sua exposição dos argumentos habermasianos de que a teoria de classe social, inclusive a luta e a consciência de classe, perderam sua referência empírica em um capitalismo tardio, que conseguiu pacificar a luta de classes no *social-welfare state*, bem como sua afirmação do "[...] intrínseco valor evolutivo que os subsistemas [econômico e administrativo] [...] possuem" (ANTUNES, 1999, p. 152).

balho social não captura a reprodução especificamente humana da vida" (HABERMAS, 1976/1979).

A chave da análise de Habermas é a separação da reprodução simbólica da vida da reprodução material, distinção essa que resultou, na obra madura desse autor, na diferenciação entre mundo da vida e sistema. Para esse teórico, a práxis social tem duas dimensões: a ação estratégica e a ação comunicativa, que juntas explicam a "forma de reprodução da vida humana". Isso quer dizer, nas palavras de um comentarista, que "as interações e as comunicações humanas, simbólicas e linguísticas, assumem um valor igual ao dos processos produtivos" (MARKERT, 1996, p. 55). Em resumo, a reprodução simbólica do mundo não pode ser reduzida à reprodução das condições materiais da vida humana.

Essa distinção é central na obra de Habermas, desde os primeiros ensaios sobre Hegel e Marx[3] até sua obra madura. É, fundamentalmente, uma concepção do desenvolvimento da humanidade, que o compreende como sendo um processo de evolução em duas dimensões. Como o próprio Habermas observou em um de seus primeiros estudos sobre esse tema

> Estou convencido de que estruturas normativas não seguem o caminho do desenvolvimento das forças produtivas e não simplesmente respondem aos problemas sistêmicos, mas, em vez disso, elas têm uma história interna [...] A racionalização da ação afeta não somente as forças produtivas mas, também, e independentemente, as estruturas normativas. (HABERMAS, 1976/1979, p. 117)

Com relação a essa distinção, Markert nota o "principal interesse teórico", de Habermas, "em analisar a mediação das inter-relações entre as estruturas produtivas e as formações humanas dentro do contexto histórico, que nunca formam uma estrutura totalmente idêntica" (MARKERT, 1996, p. 59). Para Habermas, no entanto, é nas potencialidades de interação mediada pela linguagem, que podemos achar a chave para a emancipação. Em outras palavras, o processo histórico é um processo de diferenciação e estruturação das dimensões produtivas, normativas e pessoais da realidade – processo

---

[3] Especificamente HABERMAS, 1968/1974.

esse que ele chama de evolução social –, que permite uma relação reflexiva com as diferentes dimensões do mundo: objetivo, social e subjetivo. Em suma, para Habermas, "trabalho e comunicação são, igualmente, os pressupostos para a sobrevivência e para a emancipação da humanidade" (MARKERT, 1996, p. 61).

Para Habermas, então, devemos olhar para as interações e para as comunicações simbólicas como elementos centrais na possibilidade de emancipação humana. Todas as suas análises sobre as tendências da evolução social na modernidade e, consequentemente, sobre a possibilidade de transformação das estruturas produtivas, normativas e pessoais, necessárias para a reprodução da vida humana em direção à emancipação, são voltadas à interação comunicativa. Além disso, a transformação das estruturas produtivas e seu controle dependem da transformação das estruturas normativas e pessoais. Habermas insiste, como vimos no capítulo I, que há duas dimensões do processo de racionalização da sociedade, e que elas seguem lógicas diferentes: a racionalização das forças produtivas e das relações econômicas e administrativas necessárias para seu desenvolvimento; e a racionalização da cultura, ética e política, dimensão essa que é "tanto, senão mais, importante para a explicação da evolução social" (HABERMAS, 1976/1979). Em suas próprias palavras:

> A distinção categorial entre a ação propositivo-racional e o agir comunicativo, portanto, nos permite separar os aspectos sob os quais a ação pode ser racionalizada. Na medida em que os processos de aprendizagem acontecem, não somente na dimensão do pensamento objetivador, mas também na dimensão do *insight* moral-prático, a racionalização da ação está depositada não somente em forças de produção, mas também – mediada pela dinâmica dos movimentos sociais – nas formas de integração social. As estruturas da racionalidade são embutidas não somente nas amplificações da ação propósito-racional – ou seja, em tecnologias, estratégias, organizações e qualificações – mas também nas mediações do agir comunicativo – nos mecanismos que regulam conflitos, nas visões de mundo e na formação de identidades. Até defenderia a tese de que o desenvolvimento dessas estruturas normativas é a motor (*pacemaker*) na evolução social. (HABERMAS, 1976/1979, p. 120)

Em geral, a estratégia de Habermas é a de desenvolver uma análise que separe essas duas dimensões no nível da análise das sociedades modernas, mas, ao mesmo tempo, de não vê-las como separadas no fluxo concreto da história. Essa divisão tem como objetivo separar a análise das estruturas que se desenvolveram como uma resposta aos problemas da reprodução material e da ordem social do capitalismo da análise das estruturas que se desenvolveram para resolver os problemas da interação e da reprodução simbólica da sociedade.

Além do mais, a filogênese desse processo mostra que o potencial racional comunicativo

> é *simultaneamente desenvolvido e alterado* no decorrer da modernização capitalista [...] [A] ironia mais profunda desse processo [...] consiste em que o potencial racional comunicacional teve que ser primeiramente libertada sob a forma de mundos da vida modernos, para que os imperativos [...] de subsistemas econômicos e administrativos pudessem atuar sobre a práxis vulnerável do cotidiano e ajudar, assim, a esfera cognitivo-instrumental a dominar os momentos oprimidos da razão prática. (HABERMAS, 1985/1987, p. 292)

Vem daí a tese habermasiana da colonização do mundo da vida pelos subsistemas econômico e administrativo. Não temos, entretanto, nenhuma garantia de que esse processo pode ser revertido. Temos, em vez disso, a *obrigação* de fortalecer a "práxis vulnerável do cotidiano" para libertar a razão prática na vida humana.

Por um modelo gerativo da sociedade

É importante reconstruir a concepção da realidade social implícita na teoria do agir comunicativo para compreendermos a formação das sociedades contemporâneas e suas possibilidades de transformação. Em suas primeiras análises, Habermas (1971/2001) concentrou-se na pragmática da interação social, desenvolvendo uma perspectiva intersubjetivista, que concebe a sociedade como um sistema de vida estruturado por significados (*meaningfully structured*) – uma estrutura de expressões simbólicas e de ação, que é (re)produzida continuamente por indivíduos em suas ações sociais. Nessa mesma época, em sua tentativa de reconstruir o materialismo histórico (HABERMAS, 1976/1979b, 1979c), Habermas analisou a evolução social das estruturas normativas das sociedades ocidentais, bem como o desenvolvimento moral e a formação da identidade do Eu do indivíduo. No entanto, com sua subsequente apropriação da teoria social de Mead, para fundamentar uma explicação da filogênese dos componentes do mundo da vida, Habermas também percebeu um idealismo latente nessa análise, o que o levou a buscar uma maneira de compreender os limites dessa análise e da "eficácia empírica dos motivos racionais" para a integração social. Essa busca resultou no conceito de subsistemas sociais, bem como em uma análise funcionalista deles, para complementar a ênfase na ação social e sua análise em termos de comunicação.[4]

Uma consequência da perspectiva que analisa a pragmática da interação social e sua função na geração de estruturas de significado (*meaning structures*) é que a teoria tem como principal papel o de reconstruir o processo pelo qual a realidade social é produzida com base na ação social que é determinada por esse sistema de regras, que são internalizadas por indivíduos no processo de socialização. Teorias gerativas da sociedade, como a de Habermas, têm "como objetivo compreender o processo de vida (*life process*) da sociedade como um todo e, especificamente, como um processo concreto de geração de estruturas de significado (*meaning structures*)" (HABERMAS, 1971/2001, p. 15).

Como parte de sua crítica à filosofia do sujeito ou da consciência, Habermas rejeita teorias constitutivas da sociedade – ou seja, teorias que explicam o processo de formação social com base na intencionalidade e na consciência de um sujeito que age –, argumentando que esse modelo deve ser substituído por um modelo gerativo. Segundo Habermas, o melhor modelo gerativo é o comunicativo, porque explica a geração de situações interpessoais de falar e agir em conjunto a partir de um sistema abstrato de regras e não em termos dos estados interiores da consciência de indivíduos isolados (Locke e Kant), nem da consciência de

---

[4] Ver, especificamente, HABERMAS, 1981/1987, capítulo VI.

um sujeito-da-espécie (*species being*) constituindo-se na história (Hegel e Marx). Uma teoria gerativa de sociedade também deve explicar as estruturas de personalidade e as formas de intersubjetividade dentro das quais os sujeitos se expressam pela fala e pela interação. Teorias comunicativas da sociedade, como a de Habermas, afirmam que sistemas de regras abstratas geram relações intersubjetivas nas quais os sujeitos em si são formados (HABERMAS, 1971/2001).

Mundo da vida e subsistemas

Na teoria do agir comunicativo, Habermas articulou, com mais precisão, esse modelo da sociedade. A ideia central por trás dele é a de mostrar que "a capacidade integrativa da ação orientada ao entendimento mútuo" (HABERMAS, 1981/1987, p. 111), própria ao mundo da vida, opera sob constrangimentos e limites impostos pelos subsistemas econômico e administrativo. Em outras palavras, o agir comunicativo é o mecanismo central da reprodução social no mundo da vida, mas há outros mecanismos – especificamente, dinheiro e poder – que operam nos subsistemas da sociedade. Por isso, uma análise que se concentre exclusivamente na "análise reconstrutiva da emergência e da transformação da interação guiada normativamente e mediada lingüisticamente" (*ibidem*, p. 110), como a de Mead, corre o risco de cair em um idealismo que ignora a dinâmica central, a "economia, a guerra e a luta pelo poder político". É por essa razão que Habermas, além de tentar uma reconstrução racional das estruturas normativas que possibilitem a integração social, bem como a individuação do indivíduo socializado, também desenvolve uma análise dos subsistemas econômico e administrativo das sociedades modernas; da "diferenciação do sistema social", que somente é "acessível por uma análise funcional" (HABERMAS, 1981/1987, p. 111).

Não há espaço, aqui, para que seja elaborada uma discussão da análise habermasiana do sistema social, concebido como sendo uma dimensão da sociedade diferenciada do mundo da vida, nem de sua reconstrução da teoria social de Talcot Parsons, outro grande teórico, que tentou incorporar uma abordagem focada na dimensão normativa da ação social a outra focada na sociedade como um sistema.[5] No entanto, é necessário explicar brevemente sua análise da filogênese das sociedades europeias, baseada no conceito da consciência coletiva, de Durkheim, ou seja, da racionalização das visões de mundo, da generalização dos valores e do individualismo crescente nessas sociedades (HABERMAS, 1981/1984, 43ff). É suficiente dizer que, apesar de criticar Durkheim por ainda ser preso à filosofia do sujeito, Habermas encontra, em sua análise da mudança na forma de integração social – de uma solidariedade mecânica a uma solidariedade orgânica –, a chave para compreender o processo da racionalização do mundo da vida das sociedades ocidentais. Além disso, Habermas quer mostrar que a "linguistificação do sagrado", que pode ser reconstruída com base em Durkheim, tem uma estrutura racional.

No entanto, para fazer isso, Habermas recorre às teorias, de George Herbert Mead, da filogênese e da ontogênese das estruturas da subjetividade necessárias para a socialização do indivíduo capaz de coordenar suas ações com outros por intermédio do agir comunicativo. O principal objetivo é o de explicar a gênese histórica do agir comunicativo, bem como a centralidade da comunicação linguística na formação tanto das estruturas normativas da sociedade quanto das identidades dos indivíduos. Nas palavras de Habermas:

> A tendência para a crescente individualização e autonomia, observada por Durkheim, pode ser explicada nos seus aspectos estruturais pelo fato de que a formação das identidades e a gênese dos mecanismos de inclusão em um grupo (*of group membership*) ficam cada vez mais distanciadas de seus contextos particulares e são transferidas, cada vez mais, à aquisição de competências generalizadas para o agir comunicativo. (HABERMAS, 1981/1987, p. 91)

Por essa reconstrução é possível, segundo Habermas, compreender a lógica do desenvolvimento filogenético das estruturas intersubjetivas e das competências generalizadas, necessárias

---

[5] Para essa análise, ver HABERMAS, 1981/1987, capítulo VII.

para a reprodução cultural, integração social e socialização em sociedades modernas. Mais que isso, Habermas quer mostrar que esse processo socioevolutivo é, de fato, um processo de racionalização do mundo da vida, de uma forma de integração social em que a validade e a aplicação de normas não está mais fundamentada em interpretações fixadas por um culto religioso. A identidade do grupo é reproduzida na estrutura da personalidade de cada indivíduo, em uma forma de integração social em que a validade e a aplicação de normas se fundamentam em *razões* e, portanto, na qual o processo de socialização é, ao mesmo tempo, um processo de individuação em direção a uma maior autonomia. É isso que ele chama de descentração do sujeito no mundo moderno.

O que gerou o ímpeto para esse processo de racionalização, na opinião de Habermas, foi a *mediação linguística da ação guiada por normas*. Sem essa "linguistificação do sagrado", algo ignorado na análise de Durkheim, a análise da transição das formas de integração social fica incompleta. Isso porque, quando a reprodução simbólica do mundo da vida está vinculada ao agir comunicativo e é mediada pela linguagem, o uso dos atos de fala tem o efeito de desintegrar as bases sagradas da integração social e substituí--las, com o mecanismo de se alcançar o entendimento mútuo, pelo agir comunicativo. "A base da validade da tradição muda da ação ritual para o agir comunicativo. Convicções devem sua autoridade, cada vez menos, ao poder e à aura da igreja e cada vez mais a um consenso, que não é meramente reproduzido, mas alcançado (*achieved*), ou seja, realizado comunicativamente" (HABERMAS, 1981/1987, p. 89), em uma comunidade de comunicação. Outro aspecto desse processo de racionalização é um desenvolvimento cultural que se dá na diferenciação das esferas da ciência, da moralidade e da arte. Nesse processo, é a moralidade que assume o papel dado à religião em sociedades religiosas:

> Somente a moralidade, mediada comunicativamente e desenvolvida com base em uma ética do discurso, pode substituir a autoridade do sagrado *nesse aspecto*. Nessa moralidade, percebemos o núcleo arcaico do normativo, vemos desenvolvido o significado da validade normativa [...]. Algo do poder

penetrante dos poderes sagrados primordiais ainda permanece na moralidade; permeia os níveis da cultura, da sociedade e da personalidade já diferenciados, de uma maneira que é única às sociedades modernas. (HABERMAS, 1981/1987, p. 92)

Esse processo considerou a ciência e a moralidade como sendo esferas governadas pelos ideais da objetividade e da imparcialidade, seguradas por meio da discussão irrestrita (HABERMAS, 1981/1987, p. 91). Enquanto a autoridade do sagrado se perdeu na esfera da ciência, ela se manteve, por outro lado, na esfera da moralidade. No entanto, as duas esferas operam pelo imperativo da razão; tanto o conhecimento científico quanto uma moralidade universalista podem, então, ser "concebidos como resultado de uma racionalização comunicativa, uma liberação (*unfettering*) do potencial para a racionalidade inerente ao agir comunicativo" (*idem*, p. 92).

Assim, poderia ser mostrado que o processo histórico tem um núcleo racional que, por mais eclipsado e fraco que seja, opera na reprodução cultural, na integração social e na socialização de indivíduos. Isso não quer dizer, para usar a expressão hegeliana, que tudo o que é real é racional, nem implica qualquer determinismo. No entanto, o agir comunicativo se torna "o ponto de referência para uma projeção utópica de uma "sociedade racional" (*idem*, p. 91).

Socialização e individuação: a formação do indivíduo

Alcançar o entendimento mútuo no agir comunicativo é, para Habermas, um mecanismo que socializa e, *ao mesmo tempo*, individua (*individuates*) o sujeito. Essa ideia é a chave para explicar a formação da identidade do indivíduo. Esse processo é, simultaneamente, ontogenético e filogenético; ou seja, a interação entre os indivíduos forma as estruturas intersubjetivas de uma sociedade, enquanto os recursos dessas estruturas são mobilizados no agir comunicativo para formar a identidade do indivíduo. Além disso, sociedades complexas, bem como indivíduos descentrados, a despeito das tendências atuais da fragmentação de ambos, podem formar uma identidade racional e autônoma. Vimos, no capítulo anterior, que Habermas dá muita ênfase à argumentação como o principal mecanismo de aprendizagem. No entanto, o sujeito que participa de Discursos deve ser um sujeito autônomo e racional, ou seja, um Eu reflexivo. Aqui, encontramos um conceito importante do pensamento de Habermas: a identidade pós-convencional. Se a possibilidade de emancipação depende, para Habermas, da racionalização do mundo da vida que, por sua vez, depende do fortalecimento do agir comunicativo, mais especificamente de sua "forma reflexiva", a questão da formação da autonomia do Eu se torna fundamental. Desde a década de 70, Habermas vem procurando uma análise da identidade do Eu – "um Ego não coagido que é idêntico a ele mesmo", ou seja, "o conceito de um ego autônomo" –, que está organizado simbolicamente. A organização do Eu é simbólica, segundo Habermas, porque a criança primeiramente se integra a um "universo simbólico" qualquer pela apropriação de generalidades simbólicas. Depois, a identidade do indivíduo é segurada e desenvolvida pela individuação, ou seja, por meio de uma crescente independência em relação a essas generalizações simbólicas.[6]

Habermas se apropria da psicologia social de George Herbert Mead para compreender a ontogênese do Eu reflexivo e o papel constitutivo da comunicação nesse processo. Habermas constrói, com base na teoria da subjetividade de Mead, uma compreensão da gênese comunicativa e social do *Self*. Para Mead, como Habermas diz, "individuação depende [...] da internalização das agências que monitoram o comportamento, que migram, por assim dizer, de fora para dentro" (HABERMAS, 1981/1987, p. 151-152). Individuação, nessa concepção,

> não é visualizada como a auto-realização de um agente (*acting subject*) independente, alcançada em isolamento e liberdade; mas como um processo de socialização mediado lingüisticamente e como uma constituição simultânea de uma história de vida que é consciente de si mesma. A identidade de indivíduos socializados se desenvolve simultaneamente no médium de alcançar

---

[6] A primeira tentativa de analisar o desenvolvimento de uma identidade do Eu é no estudo "Desenvolvimento Moral e Identidade do Ego", in: HABERMAS, 1976/1979.

o entendimento com outros na linguagem e no médium de alcançar um entendimento intrasubjetivo com si mesmo sobre sua história de vida. Individualidade se forma nas relações de reconhecimento intersubjetivo e de auto-entendimento, mediadas intersubjetivamente. (HABERMAS, 1981/1987, p. 152-153)

Em outras palavras, o Eu não é, como a filosofia do sujeito tem mantido, o ponto de partida primordial para uma teoria do conhecimento ou uma concepção de identidade, por exemplo. Pelo contrário, ele mesmo deve ser explicado como algo "gerado comunicativamente" (*ibidem*, p. 177). O ego, que parece algo dado a mim como puramente meu, não pode ser mantido somente pelo meu poder – não me pertence: "o ego sempre retém um núcleo intersubjetivo porque o processo de individuação do qual emerge atravessa a rede de interações mediadas lingüisticamente" (*ibidem*, p. 170).

É importante frisar que, para Habermas, "o significado da expressão 'individualidade' se refere à autocompreensão de um sujeito capaz de falar e agir, alguém que se apresenta e, se for necessário, justifica-se como sendo uma pessoa distintiva e insubstituível diante dos outros participantes do diálogo. Não importa o quanto é difusa, essa autocompreensão fundamenta a identidade do *Eu*" (HABERMAS, 1981/1987, p. 168). Além do mais, essa individualidade deve ser explicada em termos da *autocompreensão ética* de uma pessoa em sua relação com o outro, ou seja, uma conscientização ética de uma pessoa responsável, que está situada dentro de um mundo da vida intersubjetivo e quer ser reconhecida como alguém com uma história de vida mais ou menos estável, contínua e apropriada conscientemente. Em outras palavras, alguém "que sabe, diante dele mesmo e dos outros, quem ele é e quem ele quer ser" (*ibidem*, p. 168-170). Então, como essa pessoa se constitui?

Seria suficiente esboçar alguns aspectos centrais.

1) A gênese da subjetividade se dá pela interação mediada simbolicamente. A subjetividade não é mais compreendida como um espaço interior de representações, espaço este que se apresenta quando o sujeito se desdobra, como em um espelho, sobre sua atividade de representar.

2) Quando a subjetividade é compreendida como um espaço interior de representações, ela é acessível ao próprio sujeito somente como *objeto* e o sujeito adota o papel de *observador* em relação a ele mesmo. No *modelo intersubjetivo*, no entanto, o sujeito adota a perspectiva performativa e o papel de *falante* em uma *relação social* com um *ouvinte*. Nessa perspectiva social, o sujeito se vê e se compreende como o alter ego do outro.

3) Autoconsciência é, então, constituída com base na relação com o outro, ou seja, o Eu da autoconsciência é um *objeto social*. Dessa maneira, o que está constituído é um "me" *(mim)*. Na atitude performativa esse "me" se apresenta como algo coconstruído na interação social mediada pela linguagem.

4) Consequentemente, autoconsciência não é um fenômeno inerente ao sujeito, mas um fenômeno que é gerado comunicativamente: "a consciência que parece centrada no Eu não é algo imediato ou puramente interno; pelo contrário, autoconsciência se forma de fora para dentro, por meio da relação com um parceiro em interação mediada simbolicamente. Nesse sentido ela possui um núcleo intersubjetivo" (HABERMAS, 1981/1987, p. 177-178).

5) Entretanto, é importante distinguir uma autorrelação originária, que se constrói na comunicação 'primitiva', mediada pelos gestos vocais da criança pequena, de autorrelação refletida, que se constrói na comunicação genuinamente linguística.

Essa análise explica, segundo Habermas, a constituição social da *autoconsciência,* ou seja, a relação *epistêmica* do Eu com ele mesmo. Contudo, Habermas argumenta que existe outra dimensão, digamos assim, da individualidade, que está formada na interação social mediada pela linguagem: a relação *prática* do Eu com ele mesmo. Em outras palavras, o agente que se forma nesse processo social é um sujeito que conhece (*knowing subject*) e um sujeito que age (*acting subject*). Essa segunda dimensão, a de agência, é o que monitora e controla o comportamento do indivíduo. Esses controles de comportamento, que fazem parte do que pode ser chamado de personalidade do indivíduo, também se constituem na relação interativa entre o Eu e o Outro, onde "uma nova agência reflexiva é formada e por meio da qual o Eu adota as expectativas comportamentais do Outro" (HABERMAS, 1981/1987, p. 179). O principal mecanismo, aqui, é o de adotar os papéis sociais do outro (*role-taking*). Nesse processo, um segundo "me" (*mim*) é constituído, mas, em vez de ser o lugar da *autoconsciência,* esse "me" é a agência do *autocontrole*. Ou seja, autorreflexão, nesse caso, tem como tarefa mobilizar motivos para ação e controlar internamente o comportamento do indivíduo. Nesse caso, o Eu adota as expectativas *normativas* do Outro, ou seja, normas sociais são ancoradas no sujeito por meio de um processo de internalização de controles sociais.

> Segundo Mead, esse "me" é concebido como o "outro generalizado" *(generalized other)*, ou seja, as expectativas de comportamento do meio social do sujeito, digamos assim, migram de dentro da pessoa. A relação prática do Eu com ele mesmo é constituída (*made possible*) por um "me" que coloca limites, da perspectiva do "we" ("nós") social, à impulsividade e criatividade de um "I" ("Eu") resistente e produtivo. Nessa perspectiva, o "I" aparece, de um lado, como a pressão de impulsos naturais e pré-sociais e, de outro lado, como o ímpeto para a transformação inovativa de uma maneira de ver [...] uma linguagem renovada e revolucionária que nos permite ver o mundo com olhos novos. (*ibidem*, p. 179-180)

O "me" de Mead, então, pode ser considerado como uma consciência moral convencional, uma força conservadora, dependente das formas de vida e instituições praticadas e reconhecidas em uma determinada sociedade. No entanto, esse *Self* constituído convencionalmente é uma precondição para um "I", um aspecto que é não convencional do *Self*, um *Self* que pode se opor ao "me" convencional.

Mas o "I", que resiste às expectativas "aceitas" em uma determinada sociedade e que é a fonte de inovações capazes de romper e renovar os controles convencionais, na teoria de Mead, está sempre em tensão com o "me". Para Habermas, a identidade convencional, representada pelo "me" da teoria de Mead, é, na melhor das hipóteses, um substituto para um *Self* 'autônomo'. Por isso, Habermas desenvolve o conceito da identidade pós-convencional, de um Eu capaz de se distanciar das práticas e das instituições consideradas legítimas em uma determinada sociedade para criticá-las e transformá-las. Mas esse Eu, como qualquer outro, deve ser constituído intersubjetivamente, por meio de uma relação com outros numa comunidade. É nessa relação que o *Self* sempre se constitui, segundo Habermas. Para o indivíduo ser capaz de realizar sua identidade autônoma, ele não pode desvincular-se de uma comunidade. Então, a seguinte pergunta imediatamente se impõe: como a identidade pós-convencional pode se desenvolver, se a internalização do "outro generalizado" em uma comunidade qualquer resulta na constituição de apenas uma identidade convencional?

A resposta que Habermas dá a esse dilema é a seguinte: o *Self*, digamos, projeta um novo contexto intersubjetivo, possibilitando a construção de um novo "I", que reflete sobre as normas convencionais. Esse "I" é concebido, ao mesmo tempo, como individual e universal e é constituído por ser um membro de uma comunidade de comunicação ideal. Esse conceito de uma comunidade ideal de comunicação, que não se reduz à comunidade real, "contém duas projeções utópicas": uma que universaliza e outra que particulariza. Habermas apresenta o aspecto universal da seguinte maneira:

> Orientações de ação universalistas vão além das convenções existentes e fazem com que seja possível ganhar uma distância dos papéis sociais que moldam nossa formação (*background*) e caráter [...] A demanda é para ser livre de convenções, de leis dadas. Claro, tal situação somente é possível quando o indivíduo apela, digamos assim, de sua situação em uma comunidade restrita e estreita para uma comunidade maior, ou seja, maior no sentido lógico de ter direitos que não são restritos. Convenções fixadas que perdem seu significado numa comunidade na qual os direitos são reconhecidos publicamente, e onde pode se apelar a outros [...] mesmo que esse apelo seja feito à posteridade. Nesse caso, há uma atitude do "I" vencendo (*as over against*) o "me". Correspondente a esse "apelo a uma comunidade maior"

há "o Self maior", precisamente o sujeito autônomo, que pode orientar sua ação com base em princípios universais. (HABERMAS, 1981/1987, p. 97)

A comunidade ideal da comunicação é, então, um construto lógico e não um conceito empírico, que representa uma comunidade "universal" composta de todos os alter egos possíveis. Em sua relação com essa 'comunidade universal' projetada, o *Self* constrói uma identidade pós-convencional, onde o "me" convencional é substituído por um "I" pós-convencional.

É importante perceber que, para Habermas, o *Self* pós-convencional é um objeto social como qualquer outro *Self*. Não é propriedade de uma subjetividade isolada; é um *Self* que depende do reconhecimento de outros, tanto quanto qualquer *Self*. Esse *Self* recorre à comunidade universal projetada em duas dimensões: a moral e a ética. Na dimensão *moral*, o indivíduo busca um consenso com a comunidade universal no que diz respeito às normas justificáveis (*binding norms*), ou seja, pretensões de validade normativas que sobreviveriam a um processo argumentativo conduzido com os membros de tal comunidade. Tais normas têm validade universal, segundo Habermas; é isso que torna possível a *autodeterminação* do *Self*.

Na dimensão *ética*, por outro lado, o *Self* está relacionado com identidades culturais e individuais. Ou seja, minha identidade única como um indivíduo insubstituível e minha identidade como membro de um grupo social qualquer, também dependem de uma comunidade maior. Nesse caso, o que o Eu busca não é um entendimento mútuo, mas, reconhecimento de seu grupo cultural ou étnico, bem como o indivíduo que ele é e quer ser. É isso que torna possível a *autorrealização* do *Self*.[7]

Ser autêntico na minha identidade cultural e pessoal, bem como autônomo na minha identidade moral, depende do reconhecimento dos outros. Individuação, no sentido dado a esse termo por Habermas, depende de interação social mediada pela

---

[7] Para uma discussão sobre a distinção entre ética e moral, ver HABERMAS, 1991/1993. Para uma discussão sobre sua ética do discurso, ver HABERMAS, 1983/1990, 1991/1993.

linguagem, e tem como ponto mais desenvolvido uma identidade pós-convencional que, por sua vez, requer que a pessoa supere o estágio convencional de socialização para que ela possa distanciar-se e criticar as normas convencionais de sua sociedade.

Assim, a racionalidade do sujeito é resgatada tanto das tendências do individualismo metafísico da modernidade, quanto do contextualismo do pós-modernismo. A teoria da subjetividade de Habermas é uma tentativa de teorizar uma agência reflexiva que não é "intimamente unida com o que já existe [...]; com as formas de vida e com as instituições que são praticadas e reconhecidas em uma sociedade específica" (HABERMAS, 1988/1992b, p. 180), nem como uma metafísica da subjetividade, que separa essa agência das condições históricas e naturais da vida humana. O Eu pós-convencional é um "iniciador da ação que é atribuída somente a ele" (*ibidem*), ou seja, um Eu autônomo, cuja constituição é social. Como Habermas diz:

> Somente na medida em que nós crescemos dentro desse contexto social (*grow into these social surroundings*) é possível nos constituirmos como atores individuais responsáveis; na internalização de controles sociais, desenvolvemos para nós mesmos, separados dos outros (*in our own right*), a capacidade ou de seguir ou de violar as expectativas que são consideradas legítimas. (HABERMAS, 1988/1992b, p. 181)

Além disso, Habermas argumenta que a crescente fragmentação das sociedades contemporâneas sobrecarrega as identidades convencionais com exigências conflituosas, podendo resultar na desintegração dessas identidades. Mas isso é tanto um fenômeno de emancipação quanto uma ameaça à identidade. Contudo, seu potencial emancipatório pode ser realizado somente na medida em que os indivíduos forem capazes de construir estruturas de identidade pós-convencional. E tal possibilidade requer não um desengajamento de uma comunidade, mas uma 'integração projetada' em uma comunidade maior, juntamente com um crescente descentramento do indivíduo.

No entanto, falar em duas comunidades de comunicação – uma real e outra ideal – parece um retorno à divisão kantiana entre o mundo empírico e o mundo inteligível, ou seja, uma volta ao idealismo. Habermas é consciente dessa leitura, dizendo que essa formulação

> parece kantiana demais [...] A doutrina de "dois domínios" já foi completamente superada. A estrutura do uso de linguagem orientado ao entendimento exige suposições idealizantes (*idealizing suppositions*) por parte dos atores comunicativos; no entanto, essas suposições funcionam como fatos sociais e são, como é a linguagem em si, constitutivos para a forma como a vida sociocultural se reproduz. (HABERMAS, 1986/1998b, p. 207)

Aqui, mais uma vez, vemos a materialidade dos pressupostos pragmáticos descobertos na teoria da pragmática formal de Habermas e, portanto, seu *status* como "quase transcendentais" ou, como Habermas diria hoje em dia, pressupostos idealizantes do agir comunicativo.

Termino essa discussão sobre o conceito do Eu autônomo em Habermas apontando para um problema em sua teoria no que se refere à pretensão de que o agir comunicativo, bem como seu mecanismo de alcançar o entendimento na argumentação, são centrais aos processos de socialização. Como um comentarista tem argumentado,

> A visão de Habermas não leva suficientemente em consideração a insuficiência de uma socialização do agir comunicativo em que somente o mecanismo de alcançar entendimento pela argumentação [...] está disponível. O agir comunicativo não pode, por si só, gerar os recursos (*potentials*) semânticos dos quais o bem estar humano depende. Aumentando a reflexividade (no sentido de abrir, cada vez mais, a avaliação crítica das pretensões de validade), pode-se levar a uma erosão progressiva das interpretações tradicionais e das práticas que têm sido os principais recursos nas tentativas das pessoas de se compreender em sua relação com a sociedade e com a história. Não é óbvio, no entanto, que o conhecimento especializado gerado nas chamadas culturas de *experts* de ciência, direito, moralidade e arte pode fornecer um substituto para os recursos semânticos gerados pela tradição [...] (COOKE, 1994, p. 163)

A reflexão, no modelo habermasiano, então, corre o risco de desmontar as condições culturais necessárias para a construção da identidade cultural de um grupo e, portanto, para a autorrealização dos indivíduos que pertencem a esse grupo. Em outras palavras, os recursos semânticos necessários para o bem estar humano e embutidos em tradições culturais não podem ser reproduzidos e produzidos por processos reflexivos baseados somente no modelo ideal de argumentação. Isso equivale a um modelo de emancipação (como autodeterminação) sem felicidade e satisfação. Assim, o projeto modernista de emancipação pela razão fica comprometido.

Para Habermas, no entanto, práticas reflexivas orientadas à emancipação, ao desenvolvimento de uma consciência moral e à formação discursiva de uma vontade política, devem ser fundamentadas em uma estrutura interna de fala e na individuação da pessoa como uma identidade pós-convencional. Habermas insiste que isso não é uma capacidade do um sujeito isolado e monológico, mas uma capacidade que se constrói na interação social mediada pela linguagem em uma comunidade de participantes capazes de falar e agir.

A coconstrução da sociedade, da cultura e da pessoa

Como pode ser observado nessa breve descrição das teorias da sociedade e da subjetividade de Habermas, a ênfase está em uma construção recíproca da sociedade, da cultura e da personalidade (componentes estruturais do mundo da vida) pelas interações mediadas pela linguagem. O importante aqui é que esse espaço é preestruturado; simbólica e linguisticamente constituído pela interação entre Ego e Alter, ou seja, entre agentes capazes de falar e agir, interagindo um com o outro. "O espaço social do mundo da vida habitado em comum, que se abre no diálogo, fornece a chave para a concepção da sociedade proposta pela teoria da comunicação" (HABERMAS, 1988/1998, p. 187). Além disso, é importante salientar que a sociedade e o indivíduo se constituem reciprocamente por intermédio do agir comunicativo. "A reprodução do mundo da vida é alimentada por meio das contribuições do agir comunicativo, enquanto a última é alimentada, simultaneamente, por meio dos recursos do mundo da vida" (*ibidem*, p. 191).

Em suma, há uma interação entre participantes no agir comunicativo, que é o mecanismo central na coordenação e na integração social, por intermédio do qual as tradições culturais, a sociedade e o indivíduo são constituídos reciprocamente, como na figura 4 abaixo:

Figura 4: Inter-relação das estruturas da personalidade com a cultura e a sociedade

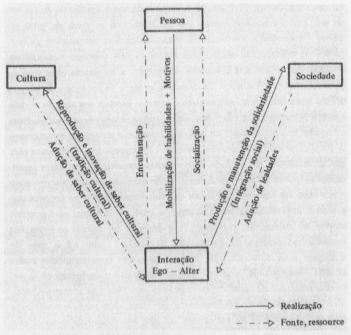

Fonte: HABERMAS, 1988/1998, p. 253.

Como pode ser visto, uma tradição cultural está mantida por meio da apropriação hermenêutica e do desenvolvimento do conhecimento cultural pelas pessoas. Assim, as pessoas (re)produzem a cultura. Mas, também, a cultura representa um recurso para as pessoas, porque "cada tradição cultural é um processo educativo (*Bildung*) para os sujeitos capazes de fala e ação que são formadas dentro dela, da mesma maneira que as pessoas, por sua vez, mantêm a cultura viva" (HABERMAS, 1988/1998, p. 252). O mesmo processo recíproco acontece entre as pessoas e a sociedade, concebida como ordens normativas. Ou seja, tais ordens são sempre ordens de relações interpessoais, constituídas por meio dos mecanismos da coordenação de agentes, principalmente do agir comunicativo.

> Mais uma vez, a sociedade e o indivíduo constituem-se um ao outro reciprocamente. Cada processo de integração de contextos de ação é, simultaneamente, um processo de socialização dos sujeitos capazes de fala e ação, que são formados nesse processo e que, por sua parte e na mesma medida, renovam e estabelecem a sociedade como sendo uma totalidade de relações interpessoais ordenadas legitimamente. (*ibidem*)

Cognição

Quando Habermas analisa a cognição ele está tentando compreender a validade do conhecimento confiável sobre o mundo objetivo. A ênfase é, sem dúvida, no que poderia ser considerado como universalmente válido. Habermas não está interessado no desenvolvimento da cognição da criança na escola ou em outro espaço educativo. Sua ênfase principal está na cognição e na aprendizagem do adulto ou, pelo menos, do indivíduo que já domina o sistema de atos de fala e que, consequentemente, já construiu as competências – comunicativa e interativa – necessárias para participar, de forma reflexiva, do agir comunicativo. Obviamente, como vimos, Habermas precisa de uma explanação de como essa competência se desenvolve na ontogênese do indivíduo. Além da apropriação da teoria da socialização de Mead, Habermas também se apoia nas teorias de Piaget e de Kohlberg para explicar a ontogênese da competência cognitiva e da consciência moral, respectivamente (HABERMAS, 1976/1979b, 1983/1990c), e as integra na perspectiva comunicativa desenvolvida em sua própria teoria.

Por isso, é muito arriscada qualquer tentativa de utilizar as teorias de Habermas para compreender a ação pedagógica com crianças, mais especificamente, qualquer tentativa de compreendê-la no modelo da forma reflexiva do agir comunicativo, ou seja, como fundamentada em Discursos teórico, moral-prático ou estético. Isso não quer dizer que a escola não possa ser vista como um lugar privilegiado para *desenvolver* as competências comunicativa e interativa da criança ou como lugar para o desenvolvimento de sua competência cognitiva e consciência moral. No entanto, é impossível tirar da obra de Habermas qualquer orientação com relação a essa questão. A única exceção é a instituição da universidade, que, Habermas argumenta, deveria recuperar sua função de ser um lugar onde processos de aprendizagem podem e devem ser privilegiados (HABERMAS, 1985/1989b). Cabe frisar aqui, que os participantes nos processos de aprendizagem nas universidades já são adultos e, portanto, comunicativamente competentes.[8]

Vimos, também, que Habermas aceita a análise da linguagem em sua função de desvendar o mundo (*welterschließend*), como desenvolvido por Heidegger, Gadamer, Wittgenstein e Taylor, de maneiras diferentes, mas não aceita que essa análise explique sua função cognitiva, ou seja, a de aprender a resolver problemas e chegar a uma melhor compreensão do mundo. Apresentei, também, a centralidade do conceito de mundo da vida no pensamento habermasiano: aquele pano de fundo de práticas sociais e de conhecimento implícito, que entram nos processos cooperativos de interpretação e de interação. Com relação à cognição, a parte mais importante do mundo da vida é um "*background meaning*"[9], ou seja, uma rede de crenças e significados contextualizados necessária para a explicação dos processos de interpretação. Com relação ao pano de fundo de conhecimento implícito, Habermas diz o seguinte:

---

[8] Para uma análise das tentativas da apropriação da obra de Habermas na teoria educacional brasileira, ver HERMANN, 1999. Esse livro também contém uma discussão interessante sobre as críticas levantadas às tentativas de aplicar o pensamento habermasiano à educação, especialmente na Alemanha.

[9] A expressão "*background meaning*" é de Searle, que a introduziu em sua teoria dos atos de fala para responder ao fato de que o conhecimento das regras sintáticas, semânticas e pragmáticas de enunciados não é suficiente para explicar sua compreensão. Há sempre um pano de fundo de significado, compartilhado pelos interlocutores, que garante que o enunciado será compreendido e o ato de fala, bem sucedido. Ver SEARLE, 1980. Habermas incorpora essa observação de Searle em sua análise a partir de seu livro *A teoria do agir comunicativo*, 1981/1984.

> O conhecimento coletivo do pano de fundo, conhecimento contextual de falantes e ouvintes, determina a interpretação de seus enunciados em um grau extraordinário [...]. O significado literal (de um ato de fala) não seria concebível independentemente de todas as condições contextuais; para cada tipo de ato de fala há condições contextuais gerais que devem ser preenchidas para que o falante seja capaz de alcançar o sucesso ilocucionário. (HABERMAS, 1981/1984, p. 335)

Esse conhecimento implícito não é percebido pelos interlocutores por ser "um continente que permanece escondido" para eles. Se esse pano de fundo determina as interpretações dos enunciados dos participantes em interação, então, entender um ato de fala depende, crucialmente, de algo contextual e não somente do que é interno ao ato de fala, como analisado na teoria da pragmática formal e explicado na discussão do capítulo II deste livro.

No entanto, apesar do fato de Habermas aceitar os resultados de pesquisas recentes, na linguística e na filosofia de linguagem[10], que mostram que as condições sob as quais um ato de fala pode ser aceitável devem incluir esse conhecimento implícito, que é contingente, ele rejeita qualquer tipo de relativismo epistemológico ou cultural. Habermas percebeu esse problema quando escreveu, em *A teoria do agir comunicativo*, que "o conhecimento das condições sob as quais os atos de fala podem ser aceitos como válidos não pode depender *completamente* de um conhecimento contingente do pano de fundo [...] se a pragmática formal não quiser perder seu objeto" (HABERMAS, 1981/1984, p. 335-336).

No entanto, Habermas tem dificuldades, como Lafont (1999) observa, em resistir às consequências problemáticas da introdução do conceito de mundo da vida e suas implicações, mais especificamente, tem a dificuldade de separar os conteúdos de uma visão de mundo linguisticamente constituída do mundo como ele realmente é. Como notado no capítulo II, a ênfase na função da linguagem de desvendar o mundo (*welterschließend*) bloqueia a possibilidade de aprender pela experiência

---
[10] Além da pesquisa de Searle, Habermas também pensa em investigações sobre psicolinguística, etnolinguística e sociolinguística.

de ser confrontado com a realidade o que, portanto, nos leva a modificar nosso conhecimento do mundo com base nessa experiência, porque, nessa perspectiva de análise, na frase de Lafont, "o significado determina o referente". Outro problema é o de que, apesar de Habermas ter percebido esse obstáculo na sua elaboração da teoria do agir comunicativo, sua análise da pragmática formal não o resolve, porque o sucesso ilocucionário depende, crucialmente, de *condições contextuais que são constitutivas do processo de compreensão*, em um sentido hermenêutico de garantir que interlocutores estão falando sobre a mesma coisa (LAFONT, 1999, p. 273). Com a introdução do conceito de mundo da vida, e seus subsequentes debates com Taylor e Rorty, entre outros, Habermas foi forçado a dar mais ênfase à função da linguagem de desvendar o mundo, bem como à impossibilidade de ter acesso à realidade senão por intermédio da linguagem. Mas, assim, parece que estamos fadados a um contextualismo que não faz nenhuma distinção entre o que a linguagem mostra, dentro de nossa visão de mundo, e o mundo como ele é. Em seu debate com Rorty, a questão é colocada nos seguintes termos.

> Mesmo na compreensão das proposições elementares acerca de estados ou acontecimentos no mundo, a linguagem e a realidade se interpenetram de uma maneira que para nós é *indissolúvel*. Não há a possibilidade natural de isolar as imposições da realidade que tornam uma determinada afirmação verdadeira das regras semânticas que estabelecem essas condições da verdade. Nós só podemos explicar o que é um fato com a ajuda da verdade de uma afirmação sobre o fato, e só podemos explicar o que é real em termos do que é verdadeiro [...] Desde que a verdade das crenças ou sentenças, por sua vez, só pode ser justificada com a ajuda de outras crenças ou sentenças, não podemos nos libertar do círculo mágico da linguagem. Esse fato sugere uma concepção anti-fundacionista do conhecimento e uma concepção holística de justificação. Pelo fato de que não podemos confrontar nossas sentenças com nada que já não seja em si mesmo lingüisticamente saturado, não podemos, também, distinguir quaisquer proposições básicas que sejam privilegiadas, pelo fato de poder legitimarem-se a si mesmas, servindo, por isso, de base para uma cadeia linear de justificação. Rorty enfatiza corretamente "que nada vale como justificação a não ser por

referência ao que já aceitamos", concluindo, então, "que não há maneira de sair de nossas crenças e de nossa linguagem de modo a encontrar algum teste além da coerência" [...] Certamente, no interior do paradigma lingüístico, a verdade de uma proposição não pode mais ser concebida como uma correspondência com algo no mundo, pois, de outro modo, teríamos de ser capazes de 'sair da linguagem' enquanto estivéssemos usando a linguagem. Obviamente, não podemos comparar as expressões lingüísticas com um pedaço de realidade não-interpretado ou 'nu'; isto é, com uma referência que escape à nossa inspeção lingüisticamente atrelada. (HABERMAS, 1996/1998, p. 357)

Em sua teoria de conhecimento e interesses, como vimos no capítulo I, Habermas respondeu às questões básicas sobre a realidade e sobre como é possível conhecê-la por meio de uma teoria que vincule a possibilidade de conhecimento a interesses cognitivos universais. Nessa teoria, a realidade é concebida como algo que pode ser explicado pelas ciências, e nossa capacidade de conhecê-la é explicada pelos interesses cognitivos, como condições pragmático-transcendentais da possibilidade de se conhecer o mundo. Ora, Habermas não abandona esse arcabouço nas modificações de sua epistemologia e defende, mais uma vez, um realismo epistemológico.

Em sua defesa do realismo, Habermas rejeita o modelo representacional do conhecimento, que é central à tradição filosófica ocidental, inclusive à semântica formal. Em outras palavras, mesmo que "a relação entre proposição e fato substituísse a relação entre a representação e o objeto" (HABERMAS, 1999/2003, p. 3) da filosofia da consciência, essa relação ainda seria de representação. Em vez disso, Habermas desenvolve uma concepção pragmática do conhecimento, na qual a função cognitiva da linguagem é amarrada aos "contextos de experiência, ação e justificação discursiva" (1999/2003, p. 26). O resultado disso é o pressuposto de que "as funções representacional e comunicativa da linguagem pressupõem uma a outra mutuamente, ou seja, são eqüiprimordiais" (HABERMAS, 1999/2003, p. 5). Em outras palavras,

> nossa habilidade cognitiva não pode mais ser analisada independentemente de nossa habilidade lingüística e de nossa habilidade

de agir, porque, como sujeitos cognoscentes, já estamos sempre dentro do horizonte das práticas de nosso mundo da vida. Para nós, linguagem e realidade permeiam uma a outra, e não há a possibilidade de separá-las. Toda experiência é saturada lingüisticamente a tal ponto que nenhuma compreensão da realidade é possível sem ser filtrada pela linguagem. (HABERMAS, *ibidem*, p. 30)

Para Habermas, então, o horizonte de nosso mundo da vida, o horizonte da ação, que é articulado linguisticamente e que não podemos transcender, tem prioridade epistêmica. Entretanto, nossas práticas epistêmicas são constrangidas por uma realidade que é independente da linguagem e, portanto, tem prioridade ontológica.

Então, como podemos aprender com a experiência? Segundo Habermas, isso é possível porque adquirimos conhecimento por meio da solução de problemas, e essas tentativas são constrangidas pelo mundo como ele é. A resistência do mundo a nossas tentativas de compreendê-lo constrange nossas práticas linguísticas de afirmar algo sobre ele. Um conceito chave aqui é a experiência; mas uma concepção pragmática da experiência e não uma concepção empirista da experiência fundamentada em impressões dos sentidos. O fato de que não temos acesso aos dados dos sentidos (*sense data*) não interpretados, por não termos acesso a uma realidade que não seja mediada linguisticamente, faz com que a experiência dos sentidos (*sense experience*) perca sua autoridade. Portanto, as proposições empíricas que descrevem essa experiência, do ponto de vista do sujeito concebido como um observador, também não podem ser privilegiadas na descrição da experiência. Em vez disso, temos que apelar à "autoridade da 'experiência de segunda ordem', que é possível somente para um sujeito que age" (HABERMAS, 1999/2003, p. 12).

Vimos antes que, para Habermas, o tipo de ação que incorpora o conhecimento empírico-teórico, ou seja, o conhecimento sobre o mundo objetivo, é a ação instrumental e estratégica. Então, como a realidade se manifesta nesse tipo de ação? Para Habermas, podemos compreender tal fato se nos concentrarmos nos casos em que uma intervenção no mundo falha, porque "tal falha, indiretamente, problematiza o conteúdo experiencial da crença que *motiva* a ação" (HABERMAS, 1999/2003, p. 12). Ou seja, a experiência de uma falha frente à realidade nos leva a questionar os pressupostos que estão por trás de nossa ação, que fazem parte de nosso mundo da vida e que ainda não foram submetidos a um processo de reflexão. No entanto, essa experiência não pode refutar tais pressupostos; o que ela faz é criar dúvidas que, por sua vez, podem levar-nos a nos engajar em um Discurso Teórico a fim de avaliar nossas interpretações do mundo. Quando isso acontece, saímos, digamos, da esfera da ação e entramos na esfera do Discurso.

Assim, o fenômeno da cognição pode ser descrito como sendo a resolução criativa dos problemas que são causados pelos distúrbios em nossas práticas comuns; é isso que nos leva a mudar nossas crenças sobre o mundo. "De um ponto de vista pragmático, cognição é o resultado do processamento inteligente das frustrações experienciadas performativamente" (*ibidem*, p. 13). Portanto, a principal tarefa de epistemologia também muda: não é mais uma explicação de proposições assertóricas, nem das inferências que podem ser feitas a partir delas; em vez disso, "a epistemologia deve explicar os processos de aprendizagem, complexos e profundos, que acontecem quando as expectativas que guiam nossas ações são problematizadas. Isso faz com que a totalidade das práticas que geram uma forma de vida seja epistemologicamente relevante" (*ibidem*, p. 13).

É importante lembrar que, para Habermas, o mundo da vida é composto de diferentes tipos de ações governadas por regras; e a ação instrumental e estratégica, ou seja, a ação de intervenção no mundo, é governada por regras técnicas. Lidamos com a realidade aplicando essas regras técnicas o que, às vezes, entra em choque com a realidade por várias razões. Duas são mais simples de explicar: se não dominamos corretamente essas regras, ou não as aplicamos adequadamente, a realidade não vai nos obedecer, digamos assim. O problema aqui, porém, não é no conhecimento embutido nas regras, mas em sua aplicação. No entanto, o caso mais importante é quando essas regras são ineficazes ou erradas porque incorporam um conhecimento empírico não confiável. Nesse caso, precisamos investigar se as proposições, que contêm esse conhecimento empírico, são verdadeiras ou não. Nesse sentido,

> a normatividade das regras que governam a ação orientada ao sucesso espelha a validade de nosso conhecimento sobre algo no mundo objetivo. Quando a referência e a verdade de proposições são bem sucedidas, isso contribui para a normatividade do sucesso de nossas tentativas de lidar com o mundo. (HABERMAS, 1999/2003, p. 15)

Assim, a relação entre o agente e um objeto no mundo é estabelecida performativamente, mas, ao mesmo tempo, é conectada à relação semântica que os interlocutores estabelecem com os objetos quando afirmam fatos sobre eles, e essa relação é explicada por uma teoria de referência. É dessa maneira que Habermas tenta combinar a pragmática e a semântica na explicação da função cognitiva da linguagem. A relação semântica é importante porque, tanto no agir comunicativo quanto na ação estratégica, os interlocutores devem pressupor um mundo objetivo em comum. Somente assim é possível formular proposições sobre algum aspecto do mundo que tenha se tornado problemático para, depois, entrar na prática discursiva de avaliação da pretensão de validade levantada no ato de fala à luz de razões. Em outras palavras, devemos pressupor que existe "o" mundo sobre o qual estamos falando. No entanto, quando levantamos a pretensão de verdade do conteúdo proposicional dos nossos atos de fala, e nosso interlocutor desafia a validade dessa pretensão, somos confrontados com a oposição do "outro" e não com o mundo. "Sujeitos se engajam em suas práticas referindo-se a algo no mundo objetivo que pressupõem existir independentemente e da mesma forma para todos, *de dentro* do horizonte de seu mundo da vida" (HABERMAS, 1999/2003, p. 16).

Habermas agora desenvolve e incorpora esse pressuposto de um mundo independente como um dos pressupostos "idealizados" do agir comunicativo[11]. E isso é a verdade, também, para

---

[11] Ver *"From Kant's 'Ideas' of pure reason to the 'idealizing' presuppositions of communicative action: reflections on the detranscendentalized 'use of reason'"*, in HABERMAS, 1999/2003. Para a teoria "direta" de referência, ver PUTNAM, 1990, entre outros textos, e LAFONT, 1999.

comunicação nas fronteiras de comunidades linguísticas diferentes. A comunicação intercultural deve assumir um ponto de vista em comum com relação ao mundo objetivo como condição da possibilidade de comunicação. "O encontro de estrangeiros aprendendo a entender um ao outro [...] acontece, inicialmente, com uma antecipação formal de (um) 'terceiro' ponto de vista. No entanto, eles devem assumir esse ponto de vista com relação ao mesmo objeto sobre o qual eles querem ter um entendimento mútuo". Ele continua: "Ambos os lados devem, em sua própria perspectiva, compartilhar dos pressupostos, bem como fazer referência a um ponto de convergência de um mundo objetivo" (HABERMAS, 1999/2003, p. 57).

Portanto, Habermas agora considera que a verdade das proposições sobre o mundo objetivo não pode ser reduzida à noção de justificação, ou seja, de *warranted assertability*, algo que o próprio Habermas poderia ser acusado de ter feito em seu trabalho anterior, como a discussão no capítulo II demonstrou. Essa concepção discursiva da verdade[12] é substituída, em seus escritos mais recentes, por insistir que uma proposição seja verdadeira não porque participantes podem chegar a um entendimento mútuo sobre ela. Pelo contrário: é possível chegar a um entendimento mútuo sobre uma proposição *porque* ela é verdadeira. Em outras palavras, o conteúdo proposicional de um ato de fala refere-se a fatos que existem independentemente dos participantes de uma comunidade de comunicação. Consequentemente, Habermas, agora, suplementa sua teoria do agir comunicativo com uma teoria de referência, para dar conta do pressuposto de que existe um mundo objetivo, independentemente das descrições que fazemos dele, que é o mesmo para todo mundo.

Habermas opta pela teoria direta de referência de Hilary Putnam[13]. A ideia central, aqui, é uma resposta à questão: Como é possível que uma interpretação do mundo que era aceitável racionalmente sob determinadas condições epistêmicas – por meio de um processo argumentativo de justificação – possa ser

---

[12] Desenvolvida no seu texto *"Wahrheitstheorien"*, ver HABERMAS, 1973.

[13] Ver PUTNAM, 1993 e 1988, entre outras publicações.

reconhecida como um erro sob condições epistêmicas diferentes? Para isso ser possível, o fenômeno a ser explicado deve ser preservado na mudança de uma interpretação para outra, ou seja, "a referência a um *mesmo* objeto deve permanecer constante mesmo sob descrições *diferentes*" (HABERMAS, 1999/2003, p. 33). Se esse não fosse o caso, seria impossível que os interlocutores discordassem em suas interpretações sobre o mundo. Consequentemente, processos de aprendizagem, no sentido da resolução de problemas por meio da elaboração de melhores interpretações sobre o mundo, também seriam impossíveis. Em suma, para explicar a possibilidade de aprendizagem, temos que pressupor que estamos falando sobre o mesmo mundo, que existe independentemente de nossas interpretações sobre ele.

> A teoria de referência de Putnam explica como podemos *melhorar* a determinação conceitual de um objeto enquanto mantemos sua referência constante. Aqui, conhecimento lingüístico, que permite que vejamos o mundo numa maneira específica, muda em resposta ao aumento de conhecimento empírico. Isso somente pode acontecer se for possível referir-se ao mesmo objeto com base em descrições teóricas diferentes. Contudo, mesmo se afirmações diferentes preservam a referência em mais de uma teoria, isso não explica qual dessas afirmações é verdadeira. A verdade de afirmações descritivas pode ser justificada somente por outras afirmações; a verdade das crenças empíricas, somente por outras crenças. A "satisfação" das condições da verdade de uma proposição empírica não pode ser reduzida à "satisfação" de suas condições de referência. (HABERMAS, *ibidem*, p. 36)

Cabe ressaltar, no entanto, que é a prática linguística que faz com que seja possível referir-se aos objetos no mundo sobre os quais afirmamos algo. Não podemos referir-nos ao mundo sem utilizar a linguagem. Entretanto, não é essa a prática linguística que utilizamos para *testar* a validade de uma pretensão de verdade na forma reflexiva do agir comunicativo. Se esse fosse o caso, Habermas teria que abrir mão da perspectiva pragmática em sua explicação dos processos de aprendizagem. Isso porque "as práticas governadas por regras do mundo da vida podem ser entendidas (*disclosed*) somente pela compreensão hermenêutica

(*Verständnis*) por participantes de dentro de uma atitude performativa" (HABERMAS, 1999/2003, p. 17). A dimensão pragmática é essencial para a correção de nossas interpretações do mundo. É somente pela prática discursiva de avaliação racional das pretensões de validade que podemos alterar ou substituir nossas interpretações do mundo. Isso quer dizer, grosso modo, que o mundo da vida e a perspectiva performativa que o participante deve adotar para agir nesse mundo é a condição da possibilidade de conhecer, no sentido de adquirir conhecimento confiável. Por isso, "a intersubjetividade destranscendentalizada do mundo da vida" assume um lugar central na epistemologia habermasiana, ocupando um papel análogo à "subjetividade transcendental da consciência" de Kant (*ibidem*, p. 30).

Essas modificações na epistemologia de Habermas apresentam alguns problemas que não são inteiramente resolvidos, mas não há espaço, aqui, para entrar em sua análise. É suficiente dizer que Habermas quer resgatar a definição clássica de conhecimento como crenças verdadeiras e justificadas (*justified true belief*), mas sem reduzir um elemento da definição ao outro. Em outras palavras, assemelhar a verdade à justificação resultaria na eliminação de qualquer possibilidade de confrontar nossas interpretações do mundo, por mais justificadas que fossem, com o mundo como ele é. Por outro lado, assemelhar justificação à verdade resultaria no abandono da perspectiva pragmática para a construção de conhecimento confiável.

Essa discussão é importante porque mostra que a aprendizagem, ou a construção do conhecimento, sobre o mundo objetivo, dá-se pelo agir comunicativo mediado pela linguagem. No entanto, não deveríamos concluir disso que a verdade de nossas proposições sobre o mundo objetivo pode ser determinada somente pelo universo semântico ao qual pertencemos como membros de uma determinada comunidade linguística. Essa ideia, largamente divulgada hoje em dia por algumas vertentes do pensamento pós-moderno, impede a possibilidade de aprendizagem no sentido de uma *melhor* compreensão, que é essencial à noção da construção do conhecimento científico e confiável sobre o mundo.

Aprendizagem ética e moral

Apesar dessas modificações em sua epistemologia, Habermas não alterou sua análise da possibilidade de uma aprendizagem moral. A realidade social, como vimos anteriormente, é concebida como sendo algo constituído pela interação humana, portanto, a existência de estruturas normativas é socialmente dependente. Isso quer dizer, entre outras coisas, que, nesse caso, a relação entre linguagem e realidade é constitutiva. Habermas não aceita um realismo de valores análogo a um realismo cognitivo; além disso, juízos de valor não podem ser analisados da mesma maneira que juízos empíricos; a "validade" ou "invalidade" dos juízos de valor são análogas, mas não idênticas, à verdade e à falsidade dos juízos empíricos. Isso quer dizer que não há um conceito de *verdade* aplicável à esfera dos juízos de valor. Nessa esfera, o que há é um conceito de *justificação*, pelo qual podemos explicar como os juízos de valor podem ser considerados válidos ou inválidos.

> Há diferentes maneiras nas quais os juízos podem ser corretos, dependendo se seu conteúdo é empírico ou normativo [...]. *Insights* morais são "objetivos" em sentido diferente dos juízos empíricos, portanto, as afirmações morais (*ought-statements*) são desnudadas de sua conotação ontológica de lei natural. Normas generalizáveis *merecem* reconhecimento porque estão igualmente inseridas no interesse comum de todos ou são igualmente boas para todos. A validade das normas é avaliada em termos das relações antecipadas de reconhecimento mútuo no "reino de fins" inclusivo. (HABERMAS, 1999/2003, p. 224)

Então, como assegurar a "objetividade" de um juízo avaliativo? Habermas argumenta que tanto os juízos morais podem ser justificados racionalmente quanto as questões éticas podem ser esclarecidas por meio de processos de deliberação. Enquanto a verdade não é um conceito epistêmico, porque vai além da justificação pelo discurso racional em condições aproximadamente ideais, como vimos na sessão anterior, a correção das normas morais, por outro lado, "é um conceito epistêmico, o que *quer dizer* que merece reconhecimento universal [...]. Essa distinção entre 'verdade' e 'correção moral' espelha a distinção entre 'razão teórica' e 'razão prática'" (*ibidem*, p. 230).

Habermas também faz mais uma distinção dentro da razão prática, entre seus usos pragmático, ético e moral (HABERMAS, 1991/1993). Avaliar uma máxima ética de ação, então, é ser guiado pelas perguntas: "Como quero viver minha vida?"; "O que é uma vida boa para mim?". A resposta a essas perguntas é o resultado de uma *deliberação ética*, uma autoclarificação hermenêutica que justifica as atitudes e os valores que sustentam tal vida. Para Habermas, normas morais, por outro lado, como vimos, são universais. Nesse caso, a resposta à pergunta "O que devo fazer?" não se refere ao projeto de vida do indivíduo nem ao *ethos* de seu grupo social, povo ou nação, mas às normas que têm validade universal e exige uma forma de *deliberação moral* que vai além da reflexão hermenêutica. Para Habermas, a validade das normas morais somente pode ser fundamentada em um processo discursivo de argumentação – ou seja, Discurso moral-prático –, processo concreto, "de argumentação 'real', no qual os indivíduos envolvidos cooperam uns com os outros" (HABERMAS, 1983/1990b, p. 67). Para Habermas, então, a lógica da argumentação moral é a lógica do resgate ou rejeição das pretensões de validade normativas por intermédio do Discurso.

A chave da teoria habermasiana é a de que os processos de deliberação moral, nos quais "participantes continuem seu agir comunicativo, em uma atitude reflexiva, com o objetivo de restaurar um consenso que foi interrompido (*disrupted*) [... para] resolver conflitos de ação por meios consensuais" (*ibidem*, p. 67), são constrangidos por pressupostos universais de argumentação, em três níveis: no nível lógico-semântico; no nível dos procedimentos de interação entre participantes em argumentação; e no nível dos processos, ou seja, das condições necessárias para se chegar racionalmente a um entendimento mútuo[14]. Juntos, esses pressupostos descrevem as "regras de discurso" que deveriam reger os processos de argumentação nos quais normas morais

---

[14] Seguindo uma sugestão de Robert Alexy, Habermas elabora uma série de regras em cada uma dessas categorias. Ver HABERMAS, 1983/1990b, p. 87-89.

podem ser avaliadas racionalmente, com sua subsequente rejeição ou substituição por outras. Essas regras "não são meras *convenções*; pelo contrário, são pressupostos inescapáveis" (HABERMAS, 1983/1990b, p. 89) de uma prática argumentativa, que somente poderia ser prosseguida junto com outros, pressupostos descobertos na análise da pragmática formal. Em outras palavras, dado que o ponto de vista moral "é fundamentado na estrutura comunicativa do discurso racional como tal, não podemos livrar-nos dele à vontade" (HABERMAS, 1991/1993, p. 2).

A aprendizagem, então, pode acontecer tanto nas esferas ética e moral da vida como na esfera cognitiva. Podemos ficar mais esclarecidos sobre aspectos do nosso mundo da vida, bem como de nosso projeto pessoal da vida, pela deliberação ética. Também podemos chegar a normas morais universais pelo Discurso moral-prático. Por fim, podemos chegar ao conhecimento confiável sobre o mundo objetivo pela prática discursiva do Discurso teórico. Obviamente, o conhecimento construído discursivamente é falível, no sentido de que ele poderia ser substituído, no futuro, por outro, mas nossos conhecimentos sobre o mundo, sobre a vida boa e sobre a moralidade seriam os melhores que poderíamos produzir até agora, se fossem fundamentadas em procedimentos de argumentação, ou seja, pela racionalidade.

CRONOLOGIA HABERMASIANA

1929 – (18 de junho) – Jürgen Habermas nasce em Düsseldorf, Alemanha. Cresceu perto de Gummersbach, Alemanha, onde seu pai foi Diretor do Seminário.

1945 – Habermas tinha 16 anos no fim da Segunda Guerra Mundial. Ficou revoltado quando descobriu "a inumanidade realizada coletivamente" pelo regime nazista.

1946 – Matriculou-se na Universidade de Bonn, onde estudou Filosofia e Direito. Começou a ler Hegel, Marx e Lukács.

1954 – Doutorou-se com uma tese sobre Friedrich von Schelling. Habermas começou a publicar comentários e críticas sobre questões sociais e políticas da época, incluindo análises da política da Alemanha pós-guerra e comentários sobre Marx.

1954-1959 – Foi assistente de Theodor Adorno, no Instituto de Pesquisa Social, da Universidade de Frankfurt. Durante esse período, colaborou num *survey* da disposição política dos universitários da Universidade de Frankfurt, publicando um livro sobre estudantes e política. Também publicou uma crítica sobre Martin Heidegger.

1961 – Escreveu seu *Habilitation* (Livre Docência) em ciência política, um estudo histórico-sociológico da esfera pública, na Universidade de Marburg, orientado por Wolfgang Abendroth. Assumiu o cargo de *Privatdozent*, na Universidade de Marburg.

1960s – Foi militante por uma reforma universitária na Alemanha. Escreveu uma série de estudos sobre outros pensadores, como Theodor Adorno e Ernst Bloch, publicados em 1971 no livro *Perfis filosófico-políticos* (*Philosophisch-politische Profile*).

1962 – Publicou *Mudança estrutural da esfera pública: uma análise de uma categoria burguesa* (*Strukturwandel der Öffentlicheit*). Foi chamado por Hans-Georg Gadamer e Karl Löwith para assumir o cargo de "professor extraordinário", na Universidade de Heidelberg.

1964 – Retornou à Universidade de Frankfurt, apoiado por Adorno, para assumir a cátedra em Filosofia e Sociologia, antes ocupado por Max Horkheimer.

1965 – Conferência inaugural na Universidade de Frankfurt, quando enfatizou a importância da linguagem.

1967 – Publicou *A lógica das ciências sociais* (*Die Logik der Sozialwissenschaften*), uma análise dos métodos das ciências sociais.

1968 – Publicou *Ciência e tecnologia enquanto ideologia* (*Technik und Wissenschaft als "Ideologie"*), que tratou a cientificação da política e da opinião pública.

1968 – Publicou *Conhecimento e interesses* (*Erkenntnis und Interesse*), seu principal trabalho epistemológico.

1969 – Publicou *O movimento estudantil e a reforma educacional* (*Protestbewegung und Hochschulreform*), que tratou questões relacionadas ao movimento estudantil na Alemanha, na década de 60.

1971 – Assumiu o cargo de Diretor do Instituto Max Plank, em Starnberg, onde chamou um grupo de pesquisadores de várias disciplinas – Antropologia, Economia, Ciência Política, Psicologia do Desenvolvimento, Filosofia, Sociologia e Linguística – para pesquisar as condições das sociedades modernas.

1971 – Publicou *Teoria e práxis* (*Theorie und Práxis*), uma coletânea de textos sobre Filosofia Política, especialmente Platão, Aristóteles, a tradição de Direito Natural, Hegel e Marxismo, a maioria escritos ao longo da década de 60.

1971 – Proferiu os *Gauss lectures*, na Universidade de Princeton, EUA, que poderiam ser consideradas o primeiro esboço de sua teoria do agir comunicativo.

1973 – Publicou *Cultura e crítica (Kultur und kritik)*, uma coletânea de ensaios sobre outros pensadores, tais como Herbert Marcuse e Walter Benjamin.

1973 – Publicou *A crise de legitimação no capitalismo tardio (Legitimationsprobleme im Späkapitalismus)*.

1976 – Publicou *Que é pragmática universal?*, o primeiro estudo sistemático de sua teoria da pragmática formal.

1976 – Publicou *Por uma reconstrução do materialismo histórico (Zur Rekonstruktion der Historischen Materialismus)*.

1979 – Preocupado com as políticas governamentais na Alemanha, especificamente com relação aos direitos civis, introduzidas como parte de medidas antiterroristas, Habermas mandou uma carta para 50 intelectuais alemães, que responderam com textos que foram publicados em um livro, organizado por Habermas e intitulado *Observações sobre "a situação espiritual da época" (Stichworte zur "Geistigen Situation der Zeit")*.

1980-1983 – Foi recusado para um cargo de professor adjunto na Universidade de Munique, por suas ideias políticas serem consideradas radicais demais. No entanto, ao longo dos anos seguintes, recebeu o prêmio Hegel, o prêmio Sigmund Freud, o prêmio Adorno e o prêmio Geschwister Scholl. Foi professor Theodore Heuss, no New School for Social Research, New York, por um curto período.

1980 – Publicou o ensaio *Modernidade versus Pós-modernidade*. Na década seguinte, Habermas desenvolveu um debate com representantes do pensamento pós-moderno, especificamente Foucault e Derrida, bem como com historiadores neoconservadores, na Alemanha, que tentaram reavaliar o holocausto.

1981 – Publicou *A teoria do agir comunicativo (Theorie des Kommunikativen Handelns)*, em dois volumes, considerado seu *magnum opus*.

1981 – Publicou *Perfis filosófico-políticos* (*Philosophische-politische Profile Erweiterte Ausgabe*).

1983 – Retornou à Universidade de Frankfurt, como catedrático de Filosofia e Sociologia e também assumiu o cargo de Diretor do Instituto de Pesquisa Social

1983 – Publicou *Agir comunicativo e consciência moral* (*Moralbewusstein und kommunikatives Handeln*), em que desenvolve sua teoria do agir comunicativo na direção de uma Ética do Discurso. O livro também contém ensaios sobre o desenvolvimento da consciência moral, bem como sobre o papel do filósofo hoje em dia e sobre seu método de reconstrução racional nas ciências sociais.

1984 – Publicação dos *Estudos prévios da teoria do agir comunicativo* (*Vorstudien und Ergänzungen zur Theorie dês Kommunikativen Handelns*), escritos ao longo da década de 70.

1985 – Publicou *O discurso filosófico da modernidade: doze conferências* (*Der philosophische Diskurs der Moderne: Zwölf Vorlesungen*).

1985 – Publicou *Escritos Políticos V* (*Kleine Politische Schriften V*), ensaios sobre eventos na política de Europa, mais especificamente na Alemanha.

1986 – Recebeu o prêmio Gottfried Wilhelm Liebniz, da *Deutsche Forschungsgemeinschaft*, o maior prêmio de pesquisa na Alemanha.

1986 – Publicou, em inglês, uma série de entrevistas, feitas entre 1979 e 1984, sob o título *Autonomy and Solidarity*.

1987 – Publicou *Escritos políticos VI* (*Kleine Politische Schriften VI*), uma série de coletâneas de ensaios sobre eventos na política da Europa, mais especificamente da Alemanha, que foram publicados ao longo de sua carreira.

1988 – Publicou *Pensamento pós-metafísico: estudos filosóficos* (*Nachmetaphysisches Denken: Philosophische Aufsätze*).

1989 – Visitou o Brasil, em uma comemoração de seus 60 anos, onde deu conferências em várias universidades.

1990 – Publicou o volume VII de seus *Escritos políticos* (*Kleine Politische Schriften VII*).

1991 – Publicou *Justificação e aplicação: comentários sobre a ética do discurso* (*Erläuterungen zur Diskursethik*), estudos que desenvolvem sua ética do discurso com base em críticas feitas por outros pensadores.

1991 – Publicou uma entrevista com Michael Haller, chamada *O passado como futuro* (*Vergangenheit als Zukunft: Das alte Deutschland im neuen Europa*).

1992 – Publicou *Direito e democracia* (*Faktizität und Geltung. Bieträge zur Diskurstheorie dês Rechts und dês demokratischen Rechtsstaats*), uma teoria discursiva de Direito e de democracia baseada em sua teoria do agir comunicativo.

1993 – Habermas se aposentou da Universidade de Frankfurt, mas continuou escrevendo e publicando, bem como apresentando conferências.

1995 – Habermas e Richard Rorty se encontram na Polônia para debater as diferenças entre seus pensamentos. As conferências foram publicadas depois, em inglês, como *Debating the State of Philosophy* (*Debatendo o estado da Filosofia*).

1996 – Publicou *A inclusão do outro: estudos na teoria política* (*Die Einbeziehung dês anderen. Studien zur Politischen Theorie*), a primeira de duas coletâneas de estudos importantes sobre a Política.

1997 – Publicou *O poder libertador dos símbolos: ensaios filosóficos* (*Vom sinnilichen Eindruck zum symbolischen Ausdruck*).

1998 – Publicou *A constelação pós-nacional: estudos políticos* (*Die postnationale Konstellation: Politische Essays*), a segunda coletânea de estudos sobre questões na teoria política.

1999 – Publicou *Verdade e justificação: estudos filosóficos* (*Wahrheit und Rechtfertigung: Philosophische Aufsätze*), uma revisão importante de sua Filosofia Teórica, mais especificamente sobre a epistemologia e metafísica.

1999 – Publicou *Uma república alemã: escritos sobre a Alemanha*, uma coletânea de ensaios sobre a Alemanha depois da queda do comunismo em 1989.

2001 – Publicou *Agir comunicativo e razão destranscendentalizada* (*Kommunikatives Handeln und destraszendentalisierte Vernunft*), escrito para comemorar o aniversário de 60 anos de Thomas McCarthy, seu colaborador e principal interlocutor nos EUA.

2001 – Publicou o volume IX de seus *Escritos Políticos*, chamado *Era das transições* (*Zeit der Übergänge: Kleine Politische Schriften IX*).

2001 – Publicou *O futuro da natureza humana* (*Die Zukunft der menschlichen Natur. Auf dem Weg zu einer liberalen Eugenik?*).

2002 – Publicou, em inglês, *Religion and Modernity: Essays on Reason, God, and Modernity*, uma coletânea de estudos sobre Religião e Modernidade, originalmente publicados entre 1981 e 1997. Nos últimos anos, Habermas tem estudado muito a questão da religião em um mundo secularizado.

2003 – Publicou, em inglês, uma entrevista com Giovanna Borradori – juntamente com Derrida – sobre o mundo pós 11 de setembro, com o título de *Philosophy in a Time of Terror: Dialogues with Jürgen Habermas and Jaques Derrida* (*Filosofia em tempo de terror: diálogos com Habermas e Derrida*). Nesse momento, Habermas tentou uma reaproximação com Derrida, depois um longo período de afastamento, devido à publicação de seu livro *O discurso filosófico da modernidade*, em 1985.

2003 – Participou de um debate com intelectuais franceses, na Universidade de Paris IV (Sorbonne), que foi depois publicado como *L'Éthique de la Discussion et la Question de la Vérite* (*A ética da discussão e a questão da verdade*).

2005 – Recebeu o Holberg International Memorial Prize.

Habermas continua ativo na vida acadêmica e política, sendo professor Emérito da Universidade de Frankfurt e professor visitante permanente na Northwestern University, Evanston, Illinois, EUA. Viajou para a China, em 2001, e foi *Kyoto Laureate*, em 2004, além de participar de muitos outros congressos e eventos dedicados à discussão de questões contemporâneas sobre política, ética e religião.

SITES DE INTERESSE NA INTERNET

Há, literalmente, milhões de *sites* e páginas na internet sobre Habermas. Uma pesquisa sobre *sites* dedicados a Habermas, no Google, revelaria 173.000 *sites*. No entanto, a informação contida neles nem sempre é confiável. Por exemplo, no primeiro *site* dessa lista, aparentemente um dos mais populares em português, se lê a seguinte afirmação: "há pouco material sobre ele publicado, não só em português, como também em inglês." Qualquer pessoa com o mínimo de conhecimento sobre Habermas saberia que isso é falso. Uma olhada rápida nos primeiros 100 resultados dessa pesquisa revela pouca coisa de interesse.

Alguns *sites* podem ser recomendados. São eles:

• Uma bibliografia das obras de Habermas, até 2002, pode ser encontrada no *site Publications by Jürgen Habermas*. Em inglês.
http://www.helsinki.fi/~amkauppi/habbib.htm

• A enciclopédia *online*, *Wikipedia*, oferece uma introdução à vida e ao trabalho de Habermas, bem como *links* para outros *sites*. Em inglês.
http://en.wikipedia.org/wiki/J%C3%BCrgen_Habermas

• Existe um *grupo de discussão sobre Habermas*, com membros de mais que 15 países, inclusive alguns especialistas em Habermas. Em inglês.
http://groups.yahoo.com/group/habermas/

- *Habermas Links*, oferece *links* para textos do próprio e de comentaristas, em alemão e inglês.

http://www.helsinki.fi/~amkauppi/hablinks.html#writings

- O *Habermas Fórum* é um *site*, organizado por acadêmicos, que contém textos e discursos do próprio Habermas, inclusive alguns dos anos de 2005 e 2006, bem como um fórum de debate e informações.

http://www.habermasforum.dk/

- *Dear Habermas* é um fórum, desenvolvido por dois professores norte americanos, para dialogar com seus alunos e com a comunidade maior. Não é sobre Habermas em si, mas sobre a forma pós-moderna da teoria crítica. O pensamento habermasiano é usado como contraposto principal. Em inglês.

http://www.habermas.org/

- Existe um *blog* interessante, *Habermasian Reflections*, de Ali Rizvi, que contém textos recentes de Habermas sobre religião, política europeia, bioética e outros tópicos contemporâneos, juntamente com textos de críticos e comentaristas. Em inglês.

http://habermasians.blogspot.com/

- A página sobre *Habermas*, no *Panopticweb*, contém textos de Habermas. Em inglês.

http://www.panopticweb.com/philosophy/philosophers/habermas.html

- Um recurso de artigos sobre Habermas pode ser encontrado no *Habermas online*. Em inglês.

http://www.habermasonline.org/

- *Illuminations: the Critical Theory Website*, tem informações sobre os mais importantes membros da chamada Teoria Crítica, inclusive Habermas. Em inglês.

http://www.uta.edu/huma/illuminations/

Referências

Obras de Habermas

HABERMAS, Jürgen. (1962) *The Structural Transformation of the Public Sphere: An Inquiry into a Category of Bourgeois Society*. Trans. T. Burger & F. Lawrance. Cambridge: Polity Press, 1989. [Traduzido como *Mudança estrutural da esfera pública*. 2. ed., Rio de Janeiro: Tempo Brasileiro, 2003.]

HABERMAS, Jürgen. (1964) The Public Sphere: An Encyclopedia Article. In: *New German Critique*, 3, Fall, 1974.

HABERMAS, Jürgen. (1965) Appendix. In: HABERMAS, J. *Knowledge and Human Interests*. 2. ed. London: Heinemann, 1978.

HABERMAS, Jürgen. (1968) *Toward a Rational Society*. London: Heinemann, 1971. [O artigo Ciência e Tecnologia enquanto Ideologia está traduzido para o português no livro *Os pensadores: Benjamin, Horkheimer, Adorno, Habermas*. 2. ed., São Paulo: Abril Cultura, 1983.]

HABERMAS, Jürgen. (1968) *Knowledge and Human Interests*. 2. ed. London: Heinemann, 1978. [Traduzido como *Conhecimento e interesses*, Rio de Janeiro: Guanabarra Koogan, 1981.]

HABERMAS, Jürgen. (1968) Labour and Interaction: Remarks on Hegel´s Jena Philosophy of Mind. In: *Theory and Practice*, London: Heinemann, 1974.

HABERMAS, Jürgen. (1970) The Hermeneutic Claim to Universality. In: BLEICHER, J. *Contemporary Hermeneutics: Hermeneutics as Method*, Philosophy and Critique. London: Routledge, 1980. [Traduzido como A pretensão de universalidade da hermenêutica. In: *Dialética e hermenêutica: para uma crítica de hermenêutica de Gadamer*. Porto Alegre: L&PM, 1987.]

HABERMAS, Jürgen. (1970) *On the Logic of the Social Sciences*. Trans. Shierry Weber Nicholsen & Jerry. A. Stark. Cambridge, Mass.: MIT Press, 1988.

HABERMAS, Jürgen. (1970) On Systematically Distorted Communication. In: *Inquiry*, 13, n. 3, 1970.

HABERMAS, Jürgen. (1970) Towards a Theory of Communicative Competence. In: *Inquiry*, 13, n. 3, 1970.

HABERMAS, Jürgen. (1971) Sobre *Verdade e método* de Gadamer. In: *Dialética e hermenêutica: para uma crítica de hermenêutica de Gadamer.* Porto Alegre: L&PM, 1987.

HABERMAS, Jürgen. (1971) *Theory and Practice*. London: Heinemann, 1974.

HABERMAS, Jürgen. (1971) *On the Pragmatics of Social Interaction: Preliminary Studies in the Theory of Communicative Action.* Trans Barbara Fultner. Cambridge, Mass.: MIT Press, 2001.

HABERMAS, Jürgen. (1972) Postscript to *Knowledge and Human Interests*. In: HABERMAS, J. *Knowledge and Human Interests.* 2. ed. London: Heinemann, 1978.

HABERMAS, Jürgen. (1973) *Legitimation Crisis*. London: Heinemann, 1976. [Traduzido como *A crise de legitimação no capitalismo tardio*. Rio de Janeiro: Tempo Brasileiro, 2002.]

HABERMAS, Jürgen. (1973) Wahrheitstheorien. In: FAHRENBACH, H. (Ed.). *Wirklichkeit und Reflexion. Festschrift für W. Schulz.* Pfüllingen, 1973.

HABERMAS, Jürgen. (1974) Reflections on Communicative Pathology. In: HABERMAS, J. *On the Pragmatics of Social Interaction: Preliminary Studies in the Theory of Communicative Action.* Trans. Barbara Fultner. Cambridge, Mass.: MIT Press, 2001.

HABERMAS, Jürgen. (1976) *Communication and the Evolution of Society*. Trans. Thomas McCarthy. London: Heinemann, 1979. [Traduzido como *Para uma reconstrução do materialismo histórico*. Rio de Janeiro: Brasiliense, 1983.]

HABERMAS, Jürgen. (1976) What is Universal Pragmatics? In: *Communication and the Evolution of Society*. London: Heinemann, 1979a.

HABERMAS, Jürgen. (1976) Historical Materialism and the Development of Normative Structures. In: *Communication and the Evolution of Society*. London: Heinemann, 1979b.

HABERMAS, Jürgen. (1976) Toward a Reconstruction of Historical Materialism. In: *Communication and the Evolution of Society*. London: Heinemann, 1979c.

HABERMAS, Jürgen. (1976) Legitimation Problems in the Modern State. In: *Communication and the Evolution of Society*. London: Heinemann, 1979d.

HABERMAS, Jürgen. (1976-1996) *On the Pragmatics of Communication*, (Ed. by Maeve Cooke), Cambridge, Mass: MIT Press, 1998. [Quatro desses artigos já são publicados em *Racionalidade e comunicação*. Porto: Edições 70, 2002.]

HABERMAS, Jürgen. (1979) Aspects of the Rationality of Action. In: GERAETS, T. F. (Ed.). *Rationality Today*. Ottawa, 1979.

HABERMAS, Jürgen. (1981) *The Theory of Communicative Action, vol.1: Reason and the Rationalization of Society*. London: Heinamann, 1984.

HABERMAS, Jürgen. (1981) *The Theory of Comunicative Action, vol. 2: The Critique of Functionalist Reason*. Cambridge: Polity Press, 1987.

HABERMAS, Jürgen. (1981) Modernity – An Incomplete Project. In: *New German Critique*, 22 (winter): 3-15, 1981.

HABERMAS, Jürgen. (1982) A Reply to my Critics. In: THOMPSON, J.; HELD, D. (Eds.). *Habermas: Critical Debates*. London: Macmillan, 1982.

HABERMAS, Jürgen. (1982) Preface. In: *On the Logic of the Social Sciences*. Trans. Shierry Weber Nicholsen & Jerry. A. Stark. Cambridge, Mass.: MIT Press, 1988.

HABERMAS, Jürgen. (1983) *Moral Consciousness and Communicative Action*. Trans. C. Lenhardt; S. W. Nicholsen. Cambridge, Mass: MIT Press, 1990a. [Traduzido como *Consciência moral e agir comunicativo*. Rio de Janeiro: Tempo Brasileiro, 1989.]

HABERMAS, Jürgen. (1983) Discourse ethics: Notes on a Program of Philosophical Justification. In: *Moral Consciousness and Communicative Action*. Cambridge, Mass.: MIT Press, 1990b.

HABERMAS, Jürgen. (1983) Moral Consciousness and Communicative Action. In: *Moral Consciousness and Communicative Action*. Cambridge, Mass.: MIT Press, 1990c

HABERMAS, Jürgen. (1985) A Philosophical-Political Profile. In: *New Left Review*, 151: 75-105, 1985.

HABERMAS, Jürgen. (1985) *The New Conservatism: Cultural Criticism and the Historian's Debate*, Cambridge, Mass.: MIT Press, 1989a.

HABERMAS, Jürgen. (1985) The New Obscurity: The Crisis of the Welfare State and the Exhaustion of Utopian Energies. In: *The New Conservatism: Cultural Criticism and the Historian's Debate*. Cambridge, Mass.: MIT Press, 1989b.

HABERMAS, Jürgen. (1985) The Idea of the University: Learning Processes. In: *The New Conservatism: Cultural Criticism and the Historian's Debate*. Cambridge, Mass.: MIT Press, 1989c.

HABERMAS, Jürgen. (1985) *The Philosophical Discourse of Modernity: Twelve lectures*. Trans. Frederick G. Lawrance. Cambridge, Mass: MIT Press, 1987. [Traduzido como *O discurso filosófico da modernidade*. São Paulo: Martins Fontes, 2002.]

HABERMAS, Jürgen. (1986) A Reply. In: HONNETH, A.; JOAS, H. (Eds.). *Communicative Action: Essays on Jürgen Habermas's The Theory of Communicative Action*. Trans. J. Gaines and D. L. Jones. Cambridge, Mass.: MIT Press, 1991.

HABERMAS, Jürgen. (1986) Communicative Rationality and the Theories of Meaning and Action. In: *On the Pragmatics of Communication*, (ed. By Maeve Cooke), Cambridge, Mass: MIT Press, 1998.

HABERMAS, Jürgen. (1986) *Autonomy and Solidarity: Interviews with Jürgen Habermas*. Edited by Peter Dews. London: Verso, 1986.

HABERMAS, Jürgen. (1988) Actions, Speech Acts, Linguistically Mediated Interactions, and the Lifeworld. In: *On the Pragmatics of Communication*, (Ed. by Maeve Cooke), Cambridge, Mass: MIT Press, 1998.

HABERMAS, Jürgen. (1988) *Postmetaphysical Thinking: Philosophical Essays.* Trans. William M. Hohengarten. Cambridge, Mass: MIT Press, 1992a. [Traduzida como *Pensamento pós-metafísico: estudos filosóficos.* Rio de Janeiro: Tempo Brasileiro, 1990.]

HABERMAS, Jürgen. (1988) Individuation through Socialization: on George Herbert Mead´s Theory of Subjectivity. In: *Postmetaphysical Thinking: Philosophical Essays.* Cambridge, Mass.: MIT Press, 1992b.

HABERMAS, Jürgen. (1991) *Justification and Application: Remarks on Discourse Ethics.* Trans Ciaran P. Cronin. Cambridge, Mass: MIT Press, 1993. [Traduzido como *Comentários à ética do discurso.* Lisboa: Instituto Piaget, 1998.]

HABERMAS, Jürgen. (1991) On the Pragmatic, the Ethical, and the Moral Employments of Practical Reason. In: *Justification and Application: Remarks on Discourse Ethics.* Trans Ciaran P. Cronin. Cambridge, Mass: MIT Press, 1993a.

HABERMAS, Jürgen. (1991) *The Past as Future: Interviews with Michael Haller.* Trans and edited by Max Pensky. Lincoln: University of Nebraska Press, 1994. [Traduzido como *Passado como futuro.* Rio de Janeiro: Tempo Brasileiro, 1993.]

HABERMAS, Jürgen. (1992) *Between facts and Norms: Contributions to a Discourse Theory of Law and Democracy.* Trans. by William Rehg. Cambridge, Mass.: MIT Press, 1996. [Traduzido como *Direito e democracia. Entre facticidade e validade.* Rio de Janeiro: Tempo Brasileiro, 1997.]

HABERMAS, Jürgen. (1992) Further Reflections on the Public Sphere. In: CALHOUN, Craig (Ed.). *Habermas and the Public Sphere.* Cambridge, Mass.: MIT Press, 1992.

HABERMAS, Jürgen. (1996) *The Inclusion of the Other: Studies in Political Theory.* Edited by Cíaran Cronin and Pablo De Grieff. Cambridge, Mass.: MIT Press, 1998. [Traduzido como *A inclusão do outro.* São Paulo: Edições Loyola, 2004.]

HABERMAS, Jürgen. (1996). Richard Rorty´s Pragmatic Turn. In: HABERMAS, J. *On the Pragmatics of Communication*, (Ed. by Maeve Cooke), Cambridge, Mass: MIT Press, 1998. [Traduzido como A virada pragmática de Richard Rorty. In: *Verdade e justificação: ensaios filosóficos.* São Paulo: Edições Loyola, 2004.]

HABERMAS, Jürgen. (1996) Some Further Reflections on the Concept of Communicative Rationality. In: *On the Pragmatics of Communication*, (Ed. by Maeve Cooke), Cambridge, Mass: MIT Press, 1998. [Traduzido no livro *Racionalidade e comunicação.* Porto: Edições 70, 2002.]

HABERMAS, Jürgen. (1997) *The Liberating Power of Symbols: Philosophical Essays.* Trans. By Peter Dews. Cambridge, Mass: MIT Press, 2001.

HABERMAS, Jürgen. (1998) *The Postnational Constellation: Political Essays.* Trans. and edited by Max Pensky. Cambridge, Mass.: MIT Press, 2001. [Traduzido como *A constelação pós-nacional.* São Paulo: Littera Mundi, 2001.]

HABERMAS, Jürgen. (1999) *Truth and Justification.* Trans. B. Fultner. Cambridge, Mass.: MIT Press, 2003. [Traduzido como *Verdade e justificação: ensaios filosóficos.* São Paulo: Edições Loyola, 2004.]

HABERMAS, Jürgen. (1999) From Kant's "Ideas" of Pure Reason to the "Idealizing" Presuppositions of Communicative Action: Reflections on the Detranscendentalized "Use of Reason". In: *Truth and Justification.* Trans. B. Fultner. Cambridge, Mass.: MIT Press, 2003. [Traduzido como *Agir comunicativo e razão destranscendentalizada.* Rio de Janeiro: Tempo Brasileiro, 2002.]

HABERMAS, Jürgen. (2001) *Era das transições.* Tradução de Flávio Beno Siebeneichler. Rio de Janeiro: Tempo Brasileiro, 2003a.

HABERMAS, Jürgen. (2001) *The Future of Human Nature.* Cambridge: Polity, 2003. [Traduzido como *O futuro da natureza humana.* São Paulo: Martins Fontes, 2004.]

HABERMAS, Jürgen. (2003) Reconstruindo o terrorismo. In: BORRADORI, Giovanna. *Filosofia em tempo de terror: diálogos com Habermas e Derrida.* Tradução de Roberto Muggiati. Rio de Janeiro: Jorge Zahar, 2004.

HABERMAS, Jürgen. (2003) *A ética da discussão e a questão da verdade.* Tradução de Marcelo Brandão Cipolla. São Paulo: Martins Fontes, 2004.

Livros e artigos sobre Habermas

ARAGÃO, Lucia. *Razão comunicativa e teoria social crítica em Jürgen Habermas.* Rio de Janeiro: Tempo Brasileiro, 1992.

ARAGÃO, Lucia. *Habermas: filósofo e sociólogo do nosso tempo.* Rio de Janeiro: Tempo Brasileiro, 2002.

ARAÚJO, Luiz Bernardo. *Religião e modernidade em Habermas.* São Paulo: Edições Loyola, 1996.

BANNELL, Ralph I. *A categoria da razão comunicativa em Habermas: gênese e limites.* Trabalho apresentado no Programa de Pós-Graduação em Educação, UFF, Niterói, 2001.

BANNELL, Ralph I. *Racionalidade, intersubjetividade e práxis pedagógica: para uma crítica da concepção da agência reflexiva de Jürgen Habermas.* Trabalho aceito para apresentação no *I Seminário Internacional sobre Filosofia e Educação: Subjetividade e Intersubjetividade na Fundamentação da Práxis Pedagógica.* Universidade do Passo Fundo, 2003.

BANNELL, Ralph I. *Razão comunicativa e pragmática formal: sobre a noção de aprendizagem no pensamento de Jürgen Habermas.* Trabalho apresentado no *Colóquio Habermas*, Universidade Federal de Santa Catarina, Florianópolis, março, 2005a.

BANNELL, Ralph I. *Razão comunicativa e linguagem: processos de aprendizagem no pensamento de Habermas.* Trabalho apresentado no *Colóquio Teoria Discursiva de*

Direito e de Democracia e a Racionalidade Prática, Programa de Pós-Graduação em Direito, PUC-Rio, Rio de Janeiro, setembro, 2005b.

BANNELL, Ralph I. *Ontologia, racionalidade e a prática de valores.* Trabalho apresentado no I Seminário Internacional em Filosofia e Educação, Universidade do Estado de São Paulo, Marília, maio, 2006a.

BANNELL, Ralph I. *Pragmatismo, linguagem e cognição na obra recente de Jürgen Habermas.* Trabalho apresentado no *Colóquio Apel/Habermas*, Programa de Pós-Graduação em Filosofia, Universidade Gama Filho, Rio de Janeiro, agosto, 2006b.

BARBOSA, Ricardo. *Habermas e Adorno: dialética e reconciliação.* Rio de Janeiro: UAPÊ, 1996.

BORRADORI, Giovanna. *Filosofia em tempo de terror: diálogos com Habermas e Derrida.* Tradução de Roberto Muggiati. Rio de Janeiro: Jorge Zahar, 2004.

CALHOUN, Craig (Ed.). *Habermas and the Public Sphere.* Cambridge, Mass.: MIT Press, 1992.

COOKE, Maeve. *Language and Reason: A Study of Habermas's Pragmatics*, Cambridge, Mass: MIT Press, 1994.

COOKE, Maeve. Introdução. In: HABERMAS, J. *On the Pragmatics of Communication.* Edited by Maeve Cooke. Cambridge, Mass.: MIT Press, 1998.

DURÃO, Aylton. B. *A crítica de Habermas à dedução transcendental de Kant.* Londrina: UEL, 1996.

DUTRA, Delamar. J. V. *Kant e Habermas: a reformulação discursiva da moral kantiana.* Porto Alegre: EDIPUCRS, 2002.

DUTRA, Delamar. Da revisão do conceito de discurso de verdade em verdade e justificação. In: *Revista Ethic@*, v. 2, n. 2: 219-231, Florianópolis, 2003.

DUTRA, Delamar. *Razão e consenso em Habermas: a teoria discursiva da verdade, da moral, do direito e da biotecnologia.* 2. ed. revisada e ampliada. Florianópolis: Editora da UFSC, 2005.

FREITAG, Barbara. *Dialogando com Jürgen Habermas.* Rio de Janeiro: Tempo Brasileiro, 2005.

HADDAD, Fernando. Trabalho e Linguagem (para a redialetização do materialismo histórico). In: *Lua nova*, n. 48, 1999.

HADDAD, Fernando. Dialética positiva: de Mead a Habermas. In: *Lua nova*, n. 59: 95-114, São Paulo.

HONNETH, A.; JOAS, H. (Eds.). *Communicative Action: Essays on Jürgen Habermas's The Theory of Communicative Action.* Trans. J. Gaines and D. L. Jones. Cambridge, Mass.: MIT Press, 1986/1991.

INGRAM, David. *Habermas and the Dialectic of Reason.* Princeton: Yale University Press, 1987.

LAFONT, Cristina. *The Linguistic Turn in Hermeneutic Philosophy.* Cambridge, Mass.: MIT Press, 1999.

LEO MAAR, Wolfgang. Habermas e a questão de trabalho social. In: *Lua nova,* n. 48, 1999.

McCARTHY, Thomas. *The Critical Theory of Jurgen Habermas,* Cambridge, Mass: MIT Press, 1978.

MAIA, Antonio C. *Jürgen Habermas – filosofo do direito.* Rio de Janeiro: Renovar, 2006.

MARKERT, Werner. Trabalho, comunicação e subjetividade em Marx e Habermas. In: PAIVA, V. (Org.). *A atualidade da escola de Frankfurt.* Edição Especial da revista *Contemporaneidade e Educação,* ano 1, n. 0, 1996.

MENDIETA, Eduardo. *Jürgen Habermas: Religion and Rationality. Essays on Reason, God, and Modernity.* Cambridge, Mass.: MIT Press, 2002.

OLIVEIRA, Manfredo de A. *Reviravolta lingüístico-pragmática na filosofia contemporânea.* São Paulo: Loyola, 1996.

PICHÉ, C. A. A passagem do conceito epistêmico ao conceito pragmatista de verdade em Habermas. In: ARAUJO, Luiz Bernardo L.; BARBOSA, Ricardo, J. C. (Orgs.). *Filosofia prática e modernidade.* Rio de Janeiro: UERJ, 2003.

PIZZI, Jovino. *Ética do discurso: a racionalidade ético-comunicativa.* Porto Alegre: EDUPUCRS, 1994.

PUSEY, Michael. *Jürgen Habermas.* Chichester: Ellis Horwood, 1987.

ROCHLITZ, Rainer (Coord.). *Habermas: o uso público da razão.* Traduzido por Lea Novaes. Rio de Janeiro: Tempo Brasileiro, 2005.

ROCKMORE, Thomas. *Habermas on Historical Materialism.* Bloomington: Indiana University Press, 1989.

SANTOS, Norma Lúcia V. V. *Cidadania no discurso da modernidade: uma interpelação à razão comunicativa.* Ilhéus: Editora UESC, 2003.

SIEBENEICHLER, Flávio Beno. *Jürgen Habermas: razão comunicativa e emancipação.* Rio de Janeiro: Tempo Brasileiro, 1989.

SOUZA, J. C. *Filosofia, racionalidade, democracia – os debates Rorty & Habermas.* São Paulo: UNESP, 2005.

STEUERMAN, Emilia. *The Bounds of Reason: Habermas, Lyotard e Melanie Klein on Rationality,* London: Routledge, 2000.

STIELTJES, C. *Jürgen Habermas: a desconstrução de uma teoria.* São Paulo: Germinal, 2001.

TAYLOR, Charles. Language and Society. In: HONNETH A.; JOAS H. (Eds.). *Communicative Action: Essays on Jürgen Habermas's The Theory of Communicative Action.* Cambridge, Mass: The MIT Press, 1991.

THOMPSON, John. B.; HELD, David. (Eds.). *Habermas: Critical Debates*. London: Macmillan, 1982.

VALESCO, Marina. *Ética do discurso: Apel e Habermas*. Rio de Janeiro: FAPERJ/MAUAD, 2001.

Livros sobre Habermas e a Educação

BOUFLEUR, José-Pedro. *Pedagogia da ação comunicativa: uma leitura de Habermas*. Ujuí: UNIJUÍ, 1998.

HERMANN, Nadja. *Validade em educação: intuições e problemas na recepção de Habermas*. Porto Alegre: EDIPUCRS, 1999.

MÜHLE, Eldon. H. *Habermas e a educação: ação pedagógica como agir comunicativo*. Passo Fundo: UPF, 2003.

PRESTES, Nadja. H. *Educação e racionalidade: conexões e possibilidades de uma razão comunicativa na escola*. Porto Alegre: EDIPUCRS, 1996.

TREVISAN, Amarildo. L. *Filosofia da educação: mímesis e razão comunicativa*. Ujuí: UNUJUÍ, 2000.

YOUNG, Robert. *A Critical Theory of Education: Habermas and our Children's Future*. New York: Teacher's College Press, 1990.

Outras referências

ADORNO, Theodor.; HORKHEIMER, Max. *Dialectic of Enlightenment*. London: Verso, 1944/1979.

ANDERSON, Perry. *O fim da História: de Hegel a Fukuyama*. Tradução de Álvaro Cabral. Rio de Janeiro: Jorge Zahar Editor, 1992.

ANTUNES, Ricardo. *Os sentidos do trabalho: ensaio sobre a afirmação e a negação do trabalho*, 6. ed., São Paulo: Boitempo, 2002.

APEL, Karl-Otto. *Towards a Transformation of Philosophy*. London: Routledge, 1980.

AUSTIN, John L. *How to do things with words*. Oxford: Oxford University Press, 1962.

BECK, Ulrich, GIDDENS, Anthony; LASH, Scott. *Reflexive Modernization: Politics, tradition and aesthetics in the modern social order*. Stanford: Stanford University Press, 1994.

DOMINGUES, José Maurício. *Criatividade, subjetividade coletiva e a modernidade brasileira*. Rio de Janeiro: Contra Capa, 1999.

GADAMER, Hans-Georg. The Universality of the Hermeneutic Problem. In: BLEICHER J. *Contemporary Hermeneutics: Hermeneutics as Method, Philosophy and Critique*. London: Routledge, 1980.

GADAMER, Hans-Georg. *Verdade e método*, Petrópolis: Vozes, 1991.

GOFFMAN, E. *A representação do Eu na vida cotidiana*. 9. ed. Petrópolis: Vozes, 2001.

HARRÉ, Rom. *Social Being: A Theory for Social Psychology*. Oxford: Blackwell, 1979.

HARRISON, Bernard. *An Introduction to the Philosophy of Language*. London: Macmillan, 1979.

JAY, Martin. *The Dialetical Imagination*, London: Heinemann, 1973.

McCARTHY, Thomas. The Critique of Impure Reason: Foucault and the Frankfurt School. In: KELLY, M. (Ed.). *Critique and Power.* Cambridge, Mass: MIT Press, 1994.

MÉSZÁROS, István. *The Power of Ideology*, London: Harvester Wheatsheaf, 1989.

PUTNAM, Hilary. Reference and Truth. In: *Realism and Reason*. New York, 1983.

PUTNAM, Hilary. *Representation and Reality*. Cambridge, Mass., 1988.

PUTNAM, Hilary. *Realism with a Human Face*. Cambridge, Mass.: Harvard University Press, 1990.

PUCCI, Bruno. (Org.). *Teoria crítica e educação: a questão da formação cultural na escola de Frankfurt*. Petrópolis: Vozes, 1995.

RORTY, Richard. *Philosophy and the Mirror of Nature*. Oxford: Blackwell, 1980.

SEARLE, John. What is a Speech Act? In: BLACK, M. (Ed.). *Philosophy in America*. London: Allen and Unwin, 1965.

SEARLE, John. *Speech Acts*. Cambridge: Cambridge University Press, 1976.

SEARLE, John. Indirect Speech Acts e A taxonomy of Illocucionary Acts. In: *Expression and Meaning*. Cambridge: Cambridge University Press, 1979.

SEARLE, John. The Background of Meaning. In: SEARLE, J. (Ed.). *Speech act theory and pragmatics*. Amsterdam: D. Reidel, 1980.

SOUZA, Jessé. *Patologias da modernidade: um diálogo entre Habermas e Weber*. São Paulo: Annablume, 1997.

SOUZA, Jessé. *A modernização seletiva: uma reinterpretação do dilema brasileiro*. Brasília: UnB, 2000.

TAYLOR, Charles. *Human Agency and Language: Philosophical Papers 1*. Cambridge: Cambridge University Press, 1985a.

TAYLOR, Charles. *Philosophy and the Human Sciences: Philosophical Papers 2*. Cambridge: Cambridge University Press, 1985b.

TAYLOR, Charles *Modern Social Imaginaries*. Durham: Duke University Press, 2004.

ZUIN. Antonio. A. S.; PUCCI, Bruno. (Orgs.). *A educação danificada: contribuições à teoria crítica da educação*. Petrópolis: Vozes/São Carlos: UFSCar, 1998.

O AUTOR

Ralph Ings Bannell nasceu e cresceu na Inglaterra e mudou-se para o Brasil em 1989. Graduou-se em Filosofia, na Universidade de Stirling, Escócia, passando um ano de intercâmbio no Departamento de Filosofia da Universidade de Califórnia, Berkeley. Depois fez seus estudos de pós-graduação no Programa de Teoria Social e Política, da Universidade de Sussex, Inglaterra, onde recebeu os títulos de Mestre e Doutor, o último com uma tese intitulada *Razão e política: um ensaio sobre os fundamentos da teoria política*.

Começou sua carreira acadêmica como horista na Universidade de Sussex, ministrando disciplinas de Filosofia e Teoria Social e Política na graduação. Depois de licenciar-se em Linguística Aplicada, veio ao Brasil, onde lecionou Inglês como língua estrangeira, antes de entrar para a Universidade Federal Fluminense, como professor do Programa de Pós-Graduação em Educação e de Licenciatura em Língua Inglesa. Na UFF, começou combinar seus interesses em Filosofia, Educação e Linguagem, trabalho que continua atualmente, como Professor da Filosofia da Educação do Departamento de Educação, na Pontifícia Universidade Católica, Rio de Janeiro.

É Coordenador do *Grupo de Estudos e Pesquisa em Política, Ética e Educação*, que atualmente desenvolve um estudo sobre o conceito de cidadania na Filosofia Política contemporânea e suas implicações da educação para a cidadania. É organizador do livro *Razão, subjetividade e formação: ensaios na filosofia da educação*, publicado pela Editora da UFG, e escreve artigos em periódicos e livros nacionais e internacionais sobre a Filosofia da Educação, bem como sobre a formação do professor e sobre o ensino de línguas estrangeiras.

Seus interesses filosóficos são, principalmente, a Antropologia Filosófica, a Racionalidade, a Epistemologia, a Filosofia das Ciências Humanas e Sociais, a Filosofia da Linguagem, a Ontologia, a Filosofia Social e Política e a Ética. Também tem um forte interesse nas teorias críticas de Linguagem e Estudos Culturais. Continua seu interesse na Linguística Aplicada, com ênfase nas questões socioeconômicas, políticas e culturais relacionadas com o ensino de línguas estrangeiras.

Este livro foi composto com tipografia Electra e impresso
em papel Off set 75 g/m² na Gráfica Paulinelli.

COLEÇÃO
PENSADORES & EDUCAÇÃO

Habermas & a Educação